広田照幸
Hirota
Teruyuki

教育基本法改正
という
問題

《愛国心》のゆくえ

世織書房

はじめに——なぜ、この本を書くことになったか

私にとって教育基本法は、長い間「空気」のようなものだった。別に身近に感じることはなかったし、あってありがたみを感じるものでもなかった。「そんなものがあって、教育の大枠を決めているんだ」ぐらいの認識だった。教育学者の私でさえそうなのだから、おそらく世の中のほとんどの人がそうだろう。また、「残念ながら、その美しい理念は教育の現実と乖離している」という思いも強かったし、今もそうである。

私が属する教育社会学という分野は、教育の現実の動態を研究対象にしている。そこでは、法的枠組みなどに対して、全般的に関心が薄い。むしろ、法の枠組みと実態とのズレをこそ、多くの場合、研究の主題にしてきた。だから、私が大学教員になりたての頃には、「教育原理」の授業で「教育の目的」について論じる際には、教育基本法にふれたものの、その際、「でも、現実はこんな目的を実現しようとして教育現場の日常が成り立っているわけではないですよ」と説明していた。将来教員になろうとする人たちの実践レベルで役に立つように「教育の目的」を論じようとすると、教育基本法

のような抽象的な理念や枠組みを理解させることよりも、むしろ、教育の日常を成り立たせている欲望や利害の集積体のほうを深く分析・考察する「目」をもってもらうことのほうが重要だと考えていたからであった。法の枠組みよりも実態のほうが、とりあえず私にとって重要であった。

ところが、いざ、改正論が高まってくると、「おいおい」という気になってきた。あまりに短慮で乱暴な「改正論」が跋扈する現状に不安感と危機感を抱くようになったのである。近年の改正の動きについては、研究者的な視点から見ると、「ちょっと待てよ」という思いを抱かざるをえなかった。

そこで、私は、これまでの教育基本法をめぐる問題をあらためて見直してみることにした。そこで痛感するようになったのは、現在進められている改革案の方向は、㈰現在の問題を解決しない、㈪未来の選択肢を狭める、㈫逆に望ましくない未来を引き寄せかねない、ということである。

と同時に、「改正反対」を叫ぶ人たちの議論にも、ある種の単調さを感じざるをえなかった。いくつも読めば読むほど、「あ、またこの議論か」という退屈さを覚えた。運動のスローガン的であったり、「○○学会のお約束ごと」を前提にした議論が多かったからである。

本書では、これまで書かれてきているものとは少し異なった視点から、この問題について、私なりの見方を提示してみたい。私なりにあれこれ考えていったプロセスで出てきた議論すべき点のうち、今までいろいろある「教育基本法改正問題本」と重複してしまうような論点はできるだけ割愛し、つとめて、今まで言われていない点を提示したつもりである。

≪愛国心≫のゆくえ＊目次

〝愛国心〟のゆくえ

教育基本法改正という問題

第1章

対立の構図

1　教育基本法とは

一九四七（昭和二二）年三月に制定された教育基本法は、全十一条の、ごくシンプルなものである（巻末掲載「資料1」参照）*。とはいえ、成立過程をみていくとわかるのは、たくさんの議論と、さまざまな過程とを経て練り上げられてきたものであったということである。時代の制約はあるが、逆に、理想主義と叡智が込められている。ただし、制定過程に関してはおびただしい研究があり、細かな専門的議論に踏み込むことになるので、それは避け、本書では成立過程の問題はあまり扱わない。立法意思がどういうものであったか、あるいは、制定過程の手続き上において正当性や問題点がどういうものであったのかという問題は、確かに重要な問題ではある。しかし、それは、これからの教育のあり方及び教育を通した社会のあり方の選択をわれわれが行なう場合、ごく間接的な意義しか有していないのではないかという、私なりの判断がある。改正の可否がもつ重要性は、「いま・ここ」及び「これから」において何が適切か、という視点のほうがはるかに重要だということである。

*――改正問題とからんで逐条的に現行法の各条を検討したものとして、日本教育法学会編 二〇〇四、田沼・野々垣・三上編 二〇〇三、堀尾 二〇〇二、川合・室井編 一九九八、等が示唆に富む。鈴木・平原編 一九九八は各条ごとに整理されたすぐれた資料集である。

教育基本法と他の教育法令との関係については、さまざまな見解が存在していたが、一九七六年五月の旭川学力テスト事件の最高裁判決で法的性格についての司法の判断が明確になった。そこでは、教育関係法令の根幹として他の教育関係の法律とは異なる位置が、教育基本法に与えられた。「教基法は、憲法において教育のあり方の基本を定めることに代えて、わが国の教育及び教育制度全体を通じる基本理念と基本原理を宣明することを目的として制定されたものであつて、戦後のわが国の政治、社会、文化の各方面における諸改革中最も重要な問題の一つとされていた教育の根本的改革を目途として制定された諸立法の中で中心的位置を占める法律であり、このことは、同法の前文の文言及び各規定の内容に徴しても、明らかである。それ故、同法における定めは、形式的には通常の法律規定として、これと矛盾する他の法律規定を無効にする効力をもつものではないけれども、一般に教育関係法令の解釈及び運用については、法律自体に別段の規定がない限り、できるだけ教基法の規定及び同法の趣旨、目的に沿うように考慮が払われなければならない」（鈴木・平原編 一九九八、六六〇〜六六一頁）というものであった。他の教育関係法令の解釈及び運用を左右するものであるだけに、教育基本法をこれからどうしていくか、という問題は、教育のあり方の根幹に関わっているのである。

2 対立点とその背景

市川昭午による対立点の整理

教育基本法の見直しについては、必要論（推進派）、不要論（反対派）、それぞれの立場から多様な意見が出されているが、市川昭午は、見直しの是非の根拠をどこに求めるかによって、必要論では五つに、不要論については二つに分類できるとしている（市川編 二〇〇四、三三〜三五頁）。市川による整理はわかりやすく、よく整理されているので、ここではそれを紹介しておきたい。

まず改正必要論からみていくと、以下のような主張であり、それぞれの主張に対して、見直し不要論の側からの▼印を付けた反論がなされている。

❶押しつけ論

現行法はわが国が主権を制限されていた占領下で作られたものであり、占領軍による検閲と統制がなされた結果、伝統の尊重、宗教的情操教育など、現行法に盛り込めなかったり、修正された文言がある。それゆえ、日本人の立場から自主的に見直すべきである。

▼見直し不要論からの反論――教育基本法は日本側が自主的に策定したものである。立法過程に占領軍が介入したことは否定できないが、そのことが直ちに改正すべき理由とはならない。改正すべきか否かは、現行条文に問題があるかどうかによって判断されねばならない。

❷規範欠落論

近年、教育荒廃現象がひどくなったのは、かつての教育勅語にあったような、国民が遵守すべき徳目（たとえば、公共の精神、道徳心、自律心、規範意識、伝統や文化の尊重、郷土や国を愛する心など）が現行法に規定されていないからである。だから、そうした徳目や規範を盛り込む必要がある。

▼見直し不要論からの反論――そうした主張はまったくのこじつけである。教育の「荒廃」現象が教育基本法に起因するという証拠はない。学力低下や規律の弛緩はわが国だけに特異な現象ではなく、先進諸国に共通している。また、学習指導要領にはその種の社会規範がすでに規定されており、それに基づいて学校教育が行なわれてきたにもかかわらず、教育「荒廃」が生じている。これからもわかるように、教育基本法の存在が教育「荒廃」の原因ではない。

❸時代対応論

時代の進展や社会の変化に伴って、新しい教育課題が生じてきた。そうした新しい課題に対応できるような内容に教育基本法を改正する必要がある。たとえば、生涯学習社会の実現、男女共同参画社会への寄与、障害者教育の支援、職業生活との関連の明確化、基本計画の策定、環境問題、国際化、情報化などに対応した教育などがそれである。市川によれば、改正を打ち出した中央教育審議会（以下、「中教審」と記す）の答申（二〇〇三年三月）も、基本的にこの立場を取っている（中教審答申の概要については、巻末掲載「資料2」参照）。

▼見直し不要論からの反論——教育が社会変化に対応しなければならないというのはそのとおりだが、それは関係諸法令の改正で対応でき、教育基本法の改正を不可欠とするものではない。それに、そうした政策課題については、既に関係の諸法律が制定されており、その中にそうした課題に関する学習や教育、人材の育成などの必要性が謳われている。

❹原理的見直し論

制定以来、既に半世紀以上の歳月を経た今日、新しい時代や社会に照らして、現行法をその基本原理から抜本的に見直す必要がある。

▼見直し不要論からの反論——現行法はその前文にも謳っているとおり、「日本国憲法の精神に則り」、その理想を実現するために存在するものであり、現行法の原理・原則である個人主義・民主主義・平

和主義は憲法の原理に従ったものである。それゆえ、基本原理から抜本的に見直すということになると、憲法の改正が不可避となる。現行憲法を前提とするかぎり、現行法を基本原理から抜本的に見直すことは不可能である。

❺規定不備論

現行法は法文の表現が必ずしも適切でないために誤解されやすく、それによって教育界に不要な混乱を招いた部分がある。たとえば、第十条（教育行政）などはその典型である。従って、そうした紛らわしい表現を改める必要がある。

▼見直し不要論からの反論——現行の規定こそ教育行政のあるべき姿を適切に規定したものであり、改訂の必要はない。

なお、見直し不要論には二つの潮流がある。一つは「徹底擁護論」である。現行法が「理想に近い内容のもの」であり、諸問題は、教基法の精神が生かされてこなかったから生じている。必要なのは「教基法の精神をいっそう徹底させること」だ、とされる。

もう一つは、「当面不要論」というべきもので、「必要に応じて改訂することを認めないわけではないが、見直しが緊急不可欠だという根拠が乏しいため、当面は改正は不要である」という立場である。

私自身としては、以上のようなさまざまな立場の中で近いものもある。また、明らかに現状認識としてまちがっていると思われるような主張もある。たとえば規範欠落論が前提としている家庭像や青少年像は、一面的で誇張されたものである（広田 一九九九、二〇〇三a）。しかし、それはとりあえず、おいておこう。ある立場に依拠して議論を始めてしまうと、かみあわない議論の対立に加わることにしかならない。世にあふれる「教育基本法改正推進」本と「改正反対」本の多くは、ともに、アジテーションに満ちている。とりあえずはそれらから距離をとって、考察をスタートしてみることが必要であろう。

図1　教育改革論の構図（I）

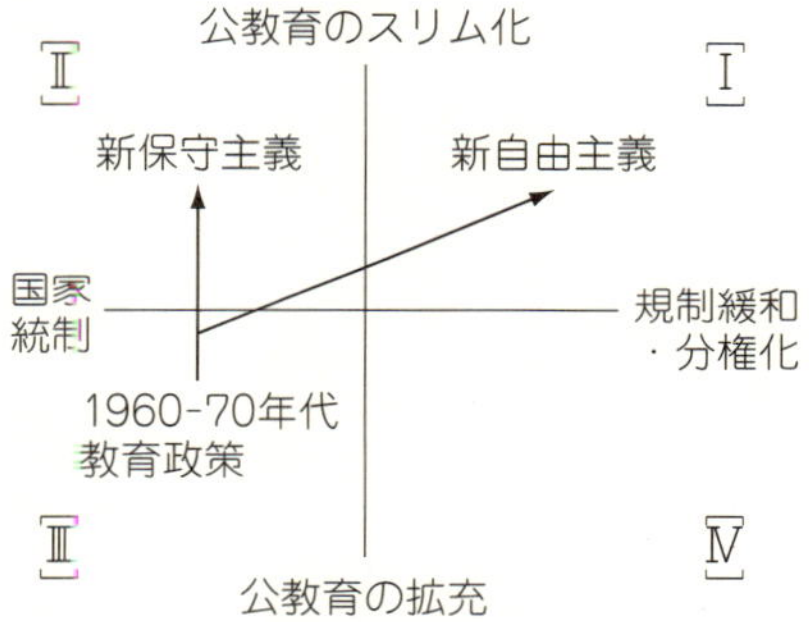

出典：児美川（2000）

改正論急浮上の背景――新自由主義と新保守主義

以上のような対立の構図を理解するためには、改正論が近年になって急浮上してきた経緯を、もう少し社会的な文脈にそって把握しておいた方がよい。それをよく説明していると思われるのが、児美川孝一郎による次の図式である（児美川 二〇〇〇）。

図1は、近年の教育政策のイデオロギーがどのように変化していったのかを示すものである。一九六〇年代から一九七〇年代の教育政策は、国家統制と公教育の拡充という方向で進んでいた。それが一九八〇年代以降、体制派のイデオロギーが大き

く転換して、二つの方向へ推移していった。一つは、教育内容に関する国家統制を強めながら公教育のスリム化をめざすという新保守主義であり、もう一つは、同じくスリム化をしながら、規制緩和・分権化を進める新自由主義である。一九八〇年代以降、新保守主義と新自由主義という二つの方向に教育改革を主導する体制側のイデオロギーが変化していったのである。そこでは、公教育拡充の是非をめぐる論議はもはや争点にならなくなってしまった。つまり、一途にスリム化の方向へと体制側のイデオロギーはシフトしていったのである。

ここで、新自由主義と新保守主義を簡単に説明しておく。新自由主義は、国家による規制を緩和して、市場における競争を重視する考え方である。規制緩和・民営化　の名のもとに、個人が自己責任の原則に基づいて市場原理を作動させることによって、適切な資源配分（モノやサービス、機会などの財（goods）を誰がどのような方法でどれだけ生産するか、誰にどの財をどれだけ配分するかという意思決定）が効率的に行なえ、経済的繁栄や効率性を生み出せるとする。国家政策的には、財政縮小目的による福祉など社会的サービスの削減、公企業の民営化・民間参入、富裕層への減税、医療費の自己負担増など、福祉国家から撤退した「小さな政府」をめざす。その結果、経済的強者が競争に勝ち残り、貧富の差の拡大と社会階層化・社会不安が進むことになる。アメリカをはじめとするグローバル市場主義や日本政府が今まさに行なっている構造改革路線は、この新自由主義の考えに基づいている。

一方の新保守主義は、国内的には、経済的に「小さい政府」をめざすのは新自由主義と同じだが、道徳的規制を強化して秩序や統合を強化しようとする立場である。伝統的価値観の復権や国家意識の高揚をめざし、個人に国家への帰属・同調を求める一方、同質性を重んじる性格から異質な者を排除する傾向をもつため、社会的マイノリティへの差別を助長しやすい。対外的には、防衛力の強化や強硬な外交政策をはかる考え方である。

教育基本法の改正の方向をまとめた二〇〇三年三月の中教審答申における、「日本の伝統・文化の尊重」や「日本人であることの自覚」「郷土や国を愛する心の涵養」などは、明らかに、新保守主義的なイデオロギーを下敷きにしている。また、答申の中に「教育における地方分権・規制改革をいっそう推進する」方向を明示した教育振興基本計画の策定が盛り込まれた点などは、新自由主義的なイデオロギーが反映したものであるといえよう。

図2　教育改革論の構図（Ⅱ）

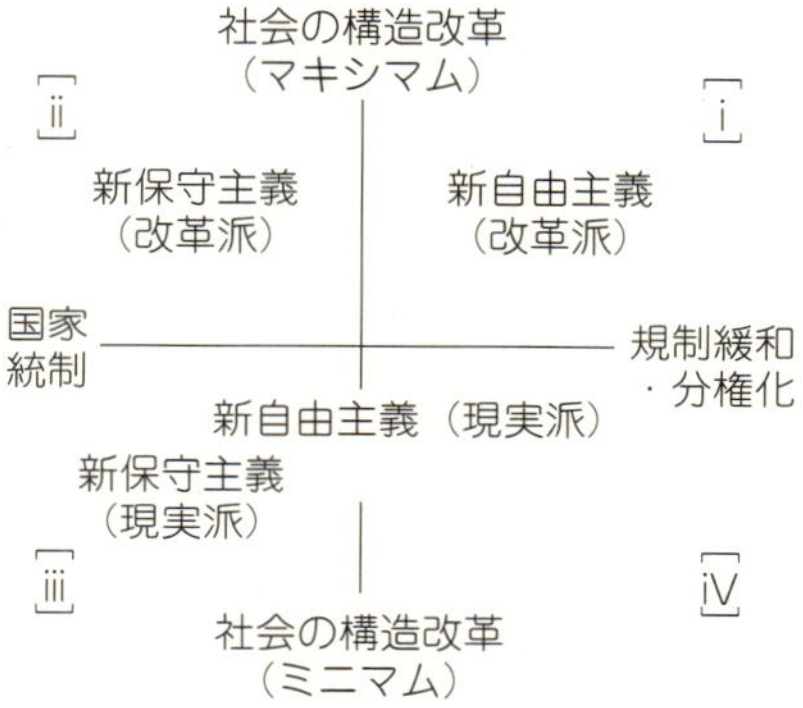

出典：児美川（2000）

図1における第一・第二象限にある思潮について、「構造改革」をどれだけ志向しているかという軸を加えて、児美川があらためて再整理したのが、図2である。国家統制―規制緩和・分権化という軸とは別に、社会の構造改革を大胆に進めようとするマキシマムな側と、限定した範囲で漸進的に変えていこうとするミニマムの側の軸が重ねられている。すると、第三象限のところに新保守

主義の現実派および新自由主義の現実派が位置づけられる。それに対して、大胆な改革を要求する改革派は、新保守主義の改革派が第二象限に、新自由主義の改革派が第一象限に位置づく、という構図になっている。郵政民営化の問題もそうであるが、義務教育費国庫負担問題等でも顕著にあらわれた政府与党内の対立の軸は、この図2における第一・第二象限と、第三・第四象限のグループの間の対立であるということができる。

新保守主義と新自由主義の補完関係

ここで問題になるのは、新保守主義と新自由主義との関係である。自己選択・自己責任を謳う新自由主義的な改革は、原理上、個人の生活を不安定にして秩序を動揺させる。新保守主義的なものは、共同体的な性格を強調することで、むしろ自律した個人を認めない発想をする。個人の位置づけ方をみると、新自由主義は、互いに市場で競争し合う対立的な存在として位置づけるが、新保守主義は、共同体の一員という側面で個人をとらえる。人間像のうえで、双方は決定的な違いがあるわけである。

本来、双方の原理は矛盾するものがあり、また対立しているのだが、新自由主義的な改革が進むと個人がバラバラになって社会不安が高まるため、為政者はこれを新保守主義の共同体的な性格を社会の中で強めることで、社会不安を抑制しようとする。実のところ、新保守主義と新自由主義とは、矛盾する点を原理的に含みながらも、実質的には相互補完的な関係にあるのである。このことは、次に示すように、児美川をはじめとして多くの研究者が指摘している。

個別の教育改革プランの内容について、両者が対立する側面を有していることは十分想定されますが、同時にこの両者は、既存の社会・教育構造への妥協という意味ではなく、本質的な意味で補完しあう関係をあわせもっていることにも注意が必要でしょう（児美川 二〇〇〇、六四頁）。

この政策動向（一九八五年の臨時教育審議会以来の流れ―広田）の全体は、新自由主義を基調に新国家主義ないし新保守主義がそれを補完する関係にあるととらえておきます（堀尾 二〇〇二、八五頁）。

「新自由主義」と「新国家主義（保守主義）」と呼ばれるものが外観上は矛盾なく結束し、教育の「改革」の必要性を訴え、そのために教育基本法……の「改正」の必要を主張するものと、さしあたり表現できるだろう（教育基本法研究会 二〇〇四、一四五頁、小野方資執筆）。

3　改正論批判の難しさを超えて

教育基本法改正論批判の困難

どうしてこのような体制側のイデオロギーシフトが起きてきたのかという説明は、児美川だけでなく多くの研究者からなされており、いずれも説得力がある。しかしながら、その説明は、体制側への有効な批判としてはそう簡単に機能していない。

例として、大内裕和の著書とその書評とをとりあげて、この問題を考えてみよう。大内は彼の著書『教育基本法改正論批判――新自由主義・国家主義を超えて――』(白澤社、二〇〇三年)の中で、臨教審以来の政府・経済団体の教育政策プラン・政策の中に、(日)市場原理による競争(新自由主義)、(月)道徳や伝統尊重・愛国心など、国家統制を強める動き(国家主義)の両方が一貫して見られることをていねいにあとづけた後、「中教審答申にみられる教育基本法『改正』とは何を意味するのか。それは臨教審によって提起されてきた新自由主義的改革と国家主義が、既存の教育システムに対する改革や批判ではなく、国家の教育政策の中枢に据えられる段階になったことを意味している。新自由主義的改革と『戦争のできる国民』づくりとしての国家主義を本格的に進めるための重大なステップとして、教育基本法『改正』は位置づく」(同書、一四一頁)と述べている。

「『戦争のできる国民』づくりとしての国家主義」というフレーズは、左翼アジビラ的で私は好きではないものの、今なぜ、何が進んでいるのか　についての同書の説明には、おおむね賛同できる。

しかしながら、こうした議論には限界が存在していることもまた指摘せざるをえない。この大内の著書への書評で、中村清は次のように論じている。実に鋭い論評である。

新自由主義・国家主義に反対する人々にとっては、教育基本法改正論批判として、本書の議論で十分なのかもしれない。しかし、肝心の教育基本法改正をもくろむ人々には、この批判は届かないのではないか。彼らは、本書の議論を相変わらず現実を無視した理想主義にすぎないとして一蹴してしまうのではないか。今日の世論は、新自由主義・国家主義を肯定する方向に動きつつある。したがって、教育基本法改正論を批判するためには、たんにそれが新自由主義・国家主義に与するものだと指摘するだけではなく、新自由主義・国家主義に与することがいかに誤っているか、いかに今日の教育問題の解決にとって無力であり、さらに有害でさえあるかを示す必要がある（中村 二〇〇四、一四五頁）。

私の見るところ、大内の指摘の重要な部分は、「今回の教育基本法『改正』は、戦後教育の擁護か否定かというよりも、新たに提起された愛国心と新自由主義による統治を認めるか否かという課題として位置づけることがより適切である」と同書で述べられているように（大内 二〇〇三、一四八頁）、「戦後教育」の問題としてではなく、これからの社会の選択の問題として、改正問題を位置づけている点であると考える。

ところが、改革が何を目論むものであるかを明らかにする大内の議論は、その改革のねらいを容認する者にとっては、批判的な意味をもたない。大内は、教育基本法の理念のすばらしさに依拠しつつ新自由主義や新保守主義のイデオロギー性を暴露するという戦略をとり、「改正を認めない」という運動の広がりに期待するにとどまる。そのため、いったん世論が新自由主義や新保守主義的改革を許容する風潮に傾いてしまうと、その議論は有効な反論にはなりにくい。中村の書評は、この点を鋭く突いているわけである。法改正がもつ問題性を、立場を異にする者に対して説得的に提示できてはいないのである。世の「改正反対」本の多くがこの弱点を共有している――私にはそう思われる。

ただし、大内の議論から確認すべき重要な点が二点ある。第一点は、改正問題は「戦後」の枠で考えられがちだが、先に述べたように、きわめて現代的な文脈から浮上した動きであることを見失ってはならないという点である。現在出されている改正論は、現状の課題と未来の課題にある方向で積極的に応えようとしている。「改正しない方がよい」という議論をしようとする者は、「戦後の初心に立ち戻れ」という議論の立て方では、それに対抗しうるような現状認識も未来展望も提示できない。むしろ、「改正」が選ぼうとしている「ある方向」――新自由主義と新保守主義的なそれ――が、改正しないままでやっていく未来に比べて本当に望ましい選択なのかどうかを、きちんと精査することが必要なのである。

第二点は、「教育基本法をどうするか」の問題は、これからの日本の国家のあり方の重大な選択とつながっているという点である。改正がもつインパクトは、学校の問題や教育の分野の問題にとどまらない。政治、経済、文化といった、日本社会の仕組み全体に関わってくる大切な事項であることを大内は指摘している。その通りである。「よりよい教育」をめぐる争点のようにみえて、実際は、「国のかたち」をめぐる争点でもあるのである。そのような意味では、大内の議論は的を射ているし、参考にすべき意見である。

改正は果たして「望ましい」のか？——本書がやりたいこと

大内が丹念に検討しているような「なぜ改正がなされようとしているのか」という問題とは別に、「改正は果たして望ましいのか？」という問いが立てられる必要がある。改正反対論者は皆、「望ましくないに決まっている」と言うだろう。また、改正推進論者は皆、「望ましいに決まっている」と言うだろう。二つの議論はまったくかみあっていない。それゆえ、検討してみなければならないのは、まさにその点にある。

では、「望ましいかどうか」をどのように考えていけばよいのだろうか。何か超越的な価値観や理念に照らして「望ましいかどうか」を評価するのは、立場によって偏りが出てくる。さまざまなイデオロギーの対立群の中で、特定の場所から他のイデオロギーを撃つ、というふうな議論になってしまうからである。

私はもっとプラグマティックにこの問題を考えてみたい。もし改正案のような方向で教育基本法が改正されたとすると、日本の教育や社会にどういうインパクトを与えるのだろうか。「国を愛する心」を教えるようになったら、凶悪非行が激減したり、不登校児がいなくなったりするという、改正論者がいうような事態が生まれるとは、私にはとても思われない。同様に、教育基本法に「国を愛する心」が盛り込まれたとしたら、たちまち愛国心で洗脳された子供たちばかりになってしまうという、反対論者がいうような事態も、どうも誇張されているように思われる。それらは、アジテーションやキャンペーン的な「未来像」にすぎない。それらからはとりあえず距離をおいて、「教育の未来」を見通してみるべきであろう。

また、今の改正の方向は、今後可能な教育や社会のあり方の諸選択肢の中で、有益なものとみなされるべきものなのかどうかが、検討される必要がある。教育基本法の改正論者の典型的なレトリックは、「教育の現状には問題がある。また、これからの日本は○○のようになるべきだ。だから教育基本法を××のように変える必要がある」というふうなものである。しかし、ここには、いくつかの論の飛躍がある。第一に、教育の現状に問題があるということと、だから教育基本法を変えなければならないという主張の間にある、論の飛躍である。第二に、教育の現状に問題があるということと、だから「××のように」変えねばならないということとの間の飛躍である。第三に、「これからの日本は○○のようになるべきだ」という像の妥当性や合意の問題である。第四に、仮に「これからの日本は○○のようになるべきだ」と認めてみた場合に、「教育基本法を××のように変える」のが果たして適切な方策かどうか、という問題である。

現在の教育問題・青少年問題と教育基本法改正の是非に関わる第一・第二の点は、拙著『教育不信と教育依存の時代』(紀伊國屋書店、二〇〇五年)ですでに論じたので、本書では部分的にふれるにとどめる。第三の問題、すなわち、「これからの日本は○○のようになるべきだ」という像の問題は、本書の中心的な問いの一つになる。大内の議論をまつまでもなく、教育は教育だけで存立しているのではなく、政治や経済のあり方と密接に関わっている。日本が進むべき方向として開かれているのはただ一つのオプションではない。本書では、教育基本法改正案が想定する未来社会像は、価値の多元性に対してあまりに不寛容で、また、柔軟に未来の社会のあり方を組み替えていくためにはあまりに狭い、ということを論じたい。第四の問題については、仮に教育基本法が現在の見直しの方向で改正されたとすると、改正推進論者の多くが思いもかけない帰結が生じるのではないかということを論じたい。

以上の通り、現在及び未来に関わる問題として、また、「国のかたち」をめぐる争点として、教育基本法改正の問題を検討することが本書の主題である。ただし、一九九〇年代以降すでに教育政策の次元でさまざまに展開してきている、新自由主義的な改革の方向については、本書では検討しない。これについては、教育基本法問題とは別の視点から、拙著『教育』(岩波書店、二〇〇四年)で論じたので、そちらを参照していただきたい。

本書で中心的に論じるのは、「新保守主義」「新国家主義」「国家主義」といういい方で語られる動きの問題である。この動きは、すでに「日の丸・君が代」問題として、教育の中で長い間争点になってきた。それが、今回の改正問題においては、「国を愛する心」や「伝統文化の尊重」「道徳心や倫理観、規範意識」などの語句や理念を盛り込む問題として、改正問題の焦点になっている。

ここに課題を限定するのは、いくつか理由がある。第一に、与党内の対立(自民党と公明党)の大きな争点が「国を愛する心」の問題であるからである。第二に、近年の「日の丸・君が代」をめぐる現場の紛争のように、教育現場のあり方を大きく左右していくはずのものだからである。第三に、そして何よりも、公教育が「国民」を形成する機能を考えた時、「国を愛する心」の問題にどう決着がつけられるかが、おそらく今後数十年にわたる「国民」のあり方、ひいては「国のかたち」を左右する重要なポイントだと考えるからである。

本書の構成

賛否両論の教育基本法改正問題について、本書のとらえ方を論じたこの第1章に続いて、第2章では、教育の権力性の問題を原理レベルで二つの視点から論じる。改正の是非の問題に関して、原理レベルの考察で白黒をつけようというのではなく、問題の難しさを確認するための章である。

第3章では、やや遠回りをして、現代政治の変化について論じる。現状のとらえ方、これからの方向を考えるうえでの基礎的な視点を立てるための章である。

第4章では、もし今の案の方向で改正されたら学校や地域で何が起こるのか、を考えてみた章である。改正が教育の現場に決してハッピーな結果をもたらすのではなく、いろいろと問題が生じることを示すことになる。

第5章では、第3章の延長上で、現代政治の変化について考察しながら、第4章で述べた事態がもつ問題性を掘り下げて考察する。改正が学校にとってもつ意味、今後の国内政治にとってもつ意味について議論している。

第6章では、グローバリゼーションが進む中での日本の位置を考察しながら、改正が今後の日本の進路にとってもつ意味について考えてみる。また、愛国心の現状についてもふれている。

第7章では、教育基本法改正に代わる案として一つの提案をしている。現代においては、公と私の関係が大きな問題になっていることは第4章以下で論じることになるが、それにどう対処するべきかについての提案である。「現行の教育基本法第八条第一項をちゃんと実質化しよう」という、考えてみればシンプルだが現実的なものである。

第1章から順に読み進めるのがわずらわしい方は、第5章と第6章、特に第5章だけは目を通していただければありがたい。

第2章

自己と他者／法と道徳

1　「望ましい自己」と「他者への介入」

教育基本法見直しの方針を打ち出した教育改革国民会議にせよ、改正の方向をとりまとめた中央教育審議会にせよ、多くの委員たちは自分が信じる教育信条や教育論の絶対的な正しさを確信して、「○○が大事だ。教育でもっと尊重しろ」と主張した。現状の緻密な分析も欠き、価値の多元性を理解した寛容さももちあわせない、乱暴な話である。とはいえ、「改正をめざす裏には立派そうな徳目が並んでいるから、それを教育に持ち込めばいいじゃないか」という追随者がいてもおかしくはない。新保守主義（新国家主義）的な議論が世論にアピールする一つの理由は、「教育的にみて望ましそうなものを法律の中に入れて、子供たちに教えさせる——それの何が悪いんだ？」という、普通の人が抱く素朴な感情にフィットしている部分があるからであろう。ある徳目がある人にとって望ましく映る、ということと、それを教育によって教え（させ）ようとすることとの距離や、何が望ましい徳目かを法律に書き込むこととの距離を、とりあえず原理的に考えておきたいということである。

それゆえ、第一に検討するのは、教育という営みがもつ本源的な権力性の問題である。そこでは、自己と他者の関係について考える。第二に論じるのは、教育が公権力によって行なわれる際の権力性の問題である。ここでは、法と道徳の関係という点について考える。答えを提示する章ではなく、むしろ、後の章の議論で前提とすべきことを確認する章である。話は決して素朴な主張が考えるほど簡単ではなく、誰もが納得する一義的な解があるわけではないということを論じることになる。万人が了承しうる原理に簡単にはたどり着けそうにない場合には、むしろ、時間と空間を限定して目の前の現実から、プラクティカルに功罪を考えていくことが重要になるだろう。第3章以下ではそれを行なうので、本章は、いわば、現実を考える前の、予備的な考察の章になる。

「よさ」の押しつけとしての教育

まずは第一の問題——自己と他者の関係——について考えていく。

教育とは、誰かが他の誰かに何かを教えたり伝えたりするという営みである。教育とは複数の主体（他者）の間に成立する関係であるという点が、一つのポイントである。教育する側からいうと、自分が何かを教えようとする相手は「他者」である。教育される側からいうと、自分に何かを教えようとしている相手は「他者」である。

もう一つのポイントは、教育とは、被教育者の中に何らかの「よさ」を実現しようとする営みであるということである。教育の中で教えられたり伝えられたりするものは、知的なものであれ価値的なものであれ、「良さ」あるいは「善さ」の尺度を伴った表象と結びつけられている。そこには、被教育者の力能を高める（英語を使いこなせるとか、社会の仕組みが理解できるとか）という「良さ」も含まれているし、被教育者の人格的特質の向上（勤勉さとか秩序意識の習得など）といった「善さ」も含まれている。「良さ」と「善さ」をあわせて「よさ」と表現しておけば、教育とは、「誰か他者をよくしようとする営み」である。

教員が子供たちに対して働きかける際には「他者（＝子供たち）をよくする」という意図や動機に動かされているし、教育目標を立てたりカリキュラムを定めたりする場――政策レベルであれ、職員室の中であれ――においても、同様である。

右に述べた二つのポイントが承認されるならば、教育とは、自分をではなく他者を対象として、自分が考える「よさ」を押しつけようとする営みだ、と言い換えることもできよう。私が望むように誰か他者を変えようとするという営み――それは、教育という営みが本源的な意味で権力性をもった営為であることを含意している。というのも、被教育者にしてみると、自分にとっての「よさ」を定義する機能が、あらかじめ他者（教育する側の主体）によって奪われてしまっていることを意味しているからである。

だから教育は権力関係なのだからそもそも教育をやめてしまえという議論や、教育から権力性をなくすことが必要だというような議論もできなくもない。だが、ここで想定しているような現実の一国レベルでの教育のあり方を考えた時には、前者は夢想だし、後者は欺瞞になってしまう。公教育の存在しない先進社会や、権力性をもたない公教育システムは、どうも思い浮かべることは不可能である。

教育がもつ権力性は、教育される側の抑圧や不満を生みやすいわけだが、しかしながら教育の権力性には、必ずしもネガティヴな側面ばかりあるわけではない、という点に注目したい。特に子供たちに対してなされる教育は、ある種の押しつけがポジティヴな意味をもっているということもまた、認めねばならないだろう。

というのも、一つには、〈子供〉という存在が、本源的な未熟性をもっているからである。「よさ」を自分で選択したり判断したりする能力が、彼らにはまだ不十分にしか備わっていない。もう一つには、子供たちはおおむね、多種多様な「よさ」の選択肢にふれたことのないまま、ごく狭い世界・制約された環境の中で生きてきているからである。だからそうした状態にある子供たちに対しては、誰か他者（親・教師・教育政策立案者）が、代わりに「よさ」を選択したり判断してやって、彼らがそれを習得するよう「押しつける」必要がある。むしろそのことが、将来の自律した選択や判断の能力を作ることになるからである*。このように、子供を教育するという営みは「他律によって自律を実現する」というパラドクシカルな性格をもっている。だから、「押しつけだからダメ」という議論は単純すぎることになる。

＊――もちろん、年齢や経験・生育環境等によってその成熟度には個人差が非常にあるから、「子供」「中学生」というふうに、簡単にひとくくりにするのは、やや乱暴である。「よさ」を選択したり判断したりする能力がまだ備わっていない中学生もいるし、なまじっかな大人よりもはるかに鋭敏な感覚で「よさ」の多様性を理解している中学生もいる。それゆえ、一律の押しつけは、常に失敗や不満を生むといえる。

他者に押しつけること

教育は他者に対する「よさ」の押しつけであり、そこにはマイナスもあるしプラスもある――そこまでは了解されよう。そのうえで、何が問題になるだろうか。

第一に、何かが「よい」ということと、それを権力的に実現することとの間には、大きな違いがあるということである。

政治哲学者の井上達夫は、価値の妥当性と公権力の関係について、次のような興味深い指摘をしている。「ある価値観が正しいことと、それが公権力によって強行されるのが正しいこととが混同されているが、両者は区別されなければならない。『事態xは善い』は『xが強制的に実現される事態yが善い』を含意しないし、『xはDすべきである』は『xはDするよう強制されるべきである』を含意しない」（井上 一九九九、一〇二頁）。そもそも万人が合意するような「よさ」があるのかどうかは大問題だが、ある「よさ」が仮に万人に納得されたとしても、このことは、その「よさ」が万人に強制されるべきだということを意味してはいない、ということである。教育の問題を考える時にも、この点は非常に重要である。

仮にある道徳的価値が望ましいと万人が承認するようなものであったとしても、だからといって、公権力の手で老若の国民すべてへの内面化をめざす仕掛けが作られ、内面の様子が繰り返しチェックされるようなことが、緻密なシステムの形成によってもし強制されたとしたら、それはずいぶん困った事態を意味するだろう。「善く生きよう」としてもなかなかそのように生きられないのが生身の人間である。また、公権力の過剰な監視や干渉にさらされないで生活を営むことができなければ、自由な社会とはいえないだろう。井上の指摘をふまえると、「よさ」が権力的に実現されてしまった状況は、人々の生にとって好ましいかどうかはわからない*。

*――この問題の典型的な事例が、『心のノート』の問題である。私がみるところ、『心のノート』の中身自体は教条的ではなく、なかなかうまくできている。しかし、行政を通して全国すべての子供に配布され、利用状況がチェックされたりするから、あらゆる子供たちが一律に「よさ」を強制的に考えさせられる状態になる。しかも同じ内容で。

「心の教育」や「道徳教育」の危うさは、ある人たちがある種の観念を「望ましい」ものと定義して、これを自発的な契機をもたない他者、あるいは、望ましいとは思っていない他者にも押しつけてしまう、という点にある。審議会等でここぞとばかり自分の教育信条をぶちあげる「識者」たちは、この部分を忘れている。自分が「ある価値は望ましい」と思うことと、教育を通してその価値を教えさせようとすることとの間には、権力の作動という点で、大きな距離がある。

第二に、自分が「よい」と思うことと、別の他者が「よい」と思うことが、常に一致するというわけではない、という点である。「よい」とされるものの押しつけのほとんどすべては、実際には、別の「よさ」との比較考量の上に成り立っている。たとえば「従順さ」を強調することは、批判精神の育成や、挑戦的な革新性を犠牲にすることになりやすい、というふうに。

そもそも、思想・信条の自由、家庭のプライバシー、多元的な価値観やライフスタイルといったものによって、「よさ」は多様に存在している。一次元的なものではないのである。誰かが特定の「よさ」を重視して教育の場にもちこむのは、別の「よさ」を排除したり無視したりすることと同義である。教育する側が定義した「よさ」は、教育される側にとっては、意味不明な押しつけであったり、自己の存在の核心を破壊されかねない理不尽な押しつけであったりする可能性が、常にある*。

*――自分で自分を高めようという営み――自己陶冶――の場合には、これは問題にならない。自分で定義した「よさ」を自らに押しつけるだけのことだからである。また、ごく限定された内容の教育サービスを、教育される側が金銭で購入するような場合――たとえば自動車学校――にも、問題になりにくい。被教育者が具体的に定義する「よさ」(運転技術の習得)を、教育する側が全面的に受け入れる(技術習得のためのサービス提供)ので、被教育者の「よさ」と教育者の「よさ」にズレが生じにくいからである。あるいはまた、被教育者が、あらかじめ教育者に対して全面的に心酔・帰依しているような場合――たとえばある種の私塾や宗教団体

——にも、「よさ」に関するズレや懐疑は生じにくい。

もちろん、教育の定義上、「よさ」の押しつけとは無縁なところに教育という営みは存立しえない。だが、既に教育される当人たちが別の「よさ」を選びそれを重視している場合には、当然、押しつけは「理不尽な暴力」として感受されるだろう。また、そうでない場合にも、一元化されない多様な「よさ」がその教育の場の外に存在しているはずなので、ある特定の「よさ」を抗いがたいものとして押しつけることは、人間の尊厳や自由を侵食する行為となる可能性が多い。したがって、「よさ」を押しつけることに関しては、十分な慎重さや限界設定が求められる。

まとめてみると、次のようである。「よさ」を押しつけることは、教育では避けることができない。しかし、「よさ」を自分で定めて自己を高めるということと、自分が考える「よさ」を押しつけて他者を教育することとの間には、大きな違いがある。他者に対する働きかけ（教育）においては、限度や制約が常に考えられる必要がある。「他者は自分とは違う」という前提を忘れた教育論は、その内容がどういうものであれ、暴力的になりうる。自己陶冶とは異なり、他者を教育する場合には、教育をする側が「自分にとって望ましい」と考えるものが他者（教わる側）にとっても当然望ましいはずだとは決していえないのだ。政策立案者たちが、自己の人生訓や教育信条をそのまま全国の学校現場の実践にもちこませようとするならば、それは前記の「違い」を見落とした短慮なことだということがいえよう。

「教育という権力」の限界線

この点を、もう少し違う視点から考えてみる。古茂田宏は学校がもつ本質的な権力性の視点から、一九九〇年代半ばまでの教育思潮を三つの潮流に整理している（古茂田 一九九六、二四三・二四四頁）。A「戦後民主教育と称された思想と運動の枠組み」、B「その後に現れてきた脱学校論的潮流」、そして、C諏訪哲二・河上亮一・小浜逸郎らの「新権威派」である。古茂田によれば、学校の本質的な権力性を認識する点で、C・BはAと鋭く対立している。同時に、学校の本質的な権力性を批判するか、引き受けるかという点で、CとBとは対立している。Aは学校という装置がもつ権力性に無自覚である。Bは、「学校は権力だから解体せねばならない」と考えるのに対して、Cは「確かに学校は権力だが、その学校的権力は教育という人間の本質そのものに由来する必然性なのだから死守せねばならぬ」と考えるのだ、という。

すっきりした整理で示唆的である。とはいえ、当然のことながら、こうした整理は、過度な単純化を含んでいる。以下、二つの点を補足しながら、教育基本法の改正問題にからめて論じることにする。

第一に、「戦後民主教育」の流れを受け継ぐ人たちもそうでない人たちも、世間の多くの人たちは依然として、学校がもつ本質的な権力性に気づかないままでいる。その意味では、BやCの思潮は、決して大きな流れにはなっていない。特にBの立場は、アカデミズムの一部と、ごくわずかな教育運動の中に閉じ込められているように思われる。

一九七〇年代ごろから、「教育は近代のひとつの権力である」という教育像が提起されるようになった。フーコーの規律権力論やイリイチの脱学校論などは、そうした認識で編み上げられた議論である。教育学の中の思想領域では、教育が権力的な営みであり、学校が権力的な装置であることは、もはや常識になっている。しかし、そういう前提を共有しない教育学の他の分野の多くは、依然として、「教育は本来的に善意に基づいた非権力的な営みである」というスタートラインに立って議論を組み立てている。世間にあふれる教育論のほとんどは、「教育という権力」という視点をもちあわせていない。

教育基本法改正を提案するに至った教育改革国民会議にせよ、教育基本法改正の方向を肉付けした中央教育審議会にせよ、議論に参加したメンバーの大半は、右に掲げたAの立場と同様に教育の権力性に無頓着か、または権力性を自覚したうえで、あえて学校現場に権威をもちこもうとするCの立場であったように思われる。審議の過程で「教育がやりすぎてはならないこと」に慎重に目配りしていたのは、教育改革国民会議で奉仕活動義務化の案を猛烈に批判した藤田英典など、ごく僅かな人たちだったように思われる。

第二に、古茂田がCに分類した諏訪哲二・河上亮一ら「プロ教師の会」は、小玉重夫が考察しているように（小玉 二〇〇三a）、一九九〇年代に、彼らが「死守するもの」が大きく変容した。八〇年代までの彼らは、戦後日本の国家も市民社会も批判の射程に据えて、「教師と生徒という権力関係」を足場にすることで、既存の社会の価値観を超えていく新しい可能性を生徒たちが見出していくような、そうした弁証法的な教育実践像を模索していた。しかし、九〇年代になると、むしろ旧来の「国民形成」型の学校像・教育像に依拠するようになったのである。

ここでいいたいのは、「ポジティヴな押しつけ」があるとしても、何を、どう、どこまで押しつけるべきかについては、多様な線引きがありうるということが見落とされてはならないということである。

第一に、右のBの立場の問題提起が教育改革論議では捨象されてきているとすると、「教育という権力」の限界の線をどう引くのかを、制度設計の場においてあらためてきちんと考える必要があるのではないだろうか。脱学校論やポストモダン論のような、アカデミズムの中のブームに終わってしまった観のある潮流ではあるが、そこでの問題提起が政策論の中に反映されてきていないがゆえに、教育改革や学校改革の議論が、「教育の力への過信」に対する自省を欠いたものになっている（この問題は第3章でふれる）。

第二に、教育改革国民会議のメンバーにもなった河上亮一ら「プロ教師の会」が主張している権威主義的な学校再生の方向は、「ポジティヴな押しつけ」に自覚的な学校改革のあり方としては、いろいろ考えられる中の一つでしかない、ということである。たとえば、前述した小玉重夫は、九〇年代の「プロ教師の会」のスタンスではなく、それ以前のスタンスの方にむしろ、「教育における公共性の再構築と教師性の組みかえ、脱構築」の契機を見出している（小玉二〇〇三a、一〇三頁）。これをあえて強調しておくのは、困難を抱える教育現場の教員たちに、「学校が危機だ→だから河上氏らの主張する国民形成的な方向しかない」という短絡的な発想をしてほしくないからである。

教育という営みがもつ本源的な権力性は、両義的なものである。何を、どう、どこまで押しつけるべきかについては、権力性のもつ危うさを自覚する賢明さと、線引きの多様な選択肢をきちんと吟味する慎重さとが必要であろう。それらを忘れた政策論議は、暴論に陥ってしまうことになる。

2　法と道徳

「教育目的の法定」をめぐる問題

「よさ」を教育が押しつけるという問題は、公権力によって教育が行なわれる際に、法と道徳の関係の問題として出てくる。「法と道徳は峻別されなければならない」というのは近代の法律の大原則だが、これに関しては、教育が、特に法と道徳との境界が薄い部分になっていることに目を向けねばならない。教育という営みがもつ本質的かつ微妙な部分が、境界の曖昧さを作り出しているからである。「法と道徳の峻別」という国家の基本原理の観点から見ると、教育は危うさを帯びた領域であるといえる。

改正推進派の議論の一つは、現行の第一条「教育の目的」に掲げられているものに向けられている。「伝統の尊重」や「愛国心」などの徳目を盛り込むべきだ、というのである。しかし、問題の根源は、道徳や倫理に関わるものを「教育の目的」として法の中に明示すべきかどうか、という点にある。

周知のように、教育基本法の第一条には、「教育の目的」として、「教育は、人格の完成をめざし、平和的な国家及び社会の形成者として、真理と正義を愛し、個人の価値をたつとび、勤労と責任を重んじ、自主的精神に充ちた心身ともに健康な国民の育成を期して行われなければならない」と定められている。これがどのような性格をもち、国家の理念、国民の道徳規範、個人の思想・信条などとどのように関連するのかが、長い間、論争の的になってきた。

焦点の一つは、今述べたとおり、教育目的を法に盛り込むことの是非にあった。この点を包括的に考察した成嶋隆は、教育基本法における教育目的の法定についての議論を以下のように六つの説に整理している（成嶋 一九八二）。

㈰ 歴史的事情説——教育基本法に教育目的が定められたのは、同法制定当時、すなわち戦後教育改革の特殊な歴史事情によるとする説。

㈪ 教育内容要求権説——当該目的規定を戦後教育の嚮導理念としてむしろ積極的に位置づけ、この理念に基づく教育内容を国家に対して要求していく権利として国民の教育権を構成しようとする説。

㈫ 憲法内在説——日本国憲法自体が既に一定の教育目的を予定していて、それが人類普遍の原理として価値の多元性を認めたうえでの必要づけにとどまるから、それを教育法律で具体化しても、思想良心の自由、学問の自由、教育の自由に抵触しないという、憲法の中に一定の教育目的が予定されているとする説。

㈬ 普遍価値説——内在する教育目的が人類普遍の原理であるから、教育基本法に盛り込んでも差し支えないとする説。

㈭内容的制度基準説――教育目的のごく大綱的な部分は、教育内容に踏み込んでいるというよりは、内容的制度基準であって、制度を作るための枠である。従って、内容とは区別して考えることができるとする説。

㈮国家権力拘束説――教育基本法で規定された目的は、国家権力に関しては、教育の条件整備等の枠を支持するものであるが、具体的な教育活動にとっては、訓示規定にほかならない。当該規定の名宛人として国家権力と国民とを区別して、それぞれにとって当該規定が異なった性格を有する。つまり教育目的は、国家と国民とでは違った意味をもつと考える説。

このように既存の説を整理したうえで、成嶋は「筆者の結論を示すならば、これまでのすべての考察を総括すれば、規範論として教育目的法定の正当性を認証することはできないと結論せざるをえない」としていて、立法論としては、教育目的を法定することに対して正当性はないと断じている。但し、解釈は既にあるという理由で、解釈論としては、㈭内容的制度基準説と㈮国家権力拘束説を肯定している。

成嶋の議論に見られるように、原理的には、教育目的を法で定めることには大きな疑問が以前から展開されてきている。近年書かれているものでは、市川昭午（二〇〇三）、岡村達雄などの論考があり、いずれも教育目的不要論をはっきりと打ち出している。岡村は、「教育基本法第一条の『目的』

の『法定』こそ、憲法原理、近代原則に相い反しており、第一条そのものが『不当な支配』にあたる構造となっている」（岡村 二〇〇四、四三頁）という見方をしている。現行の教育基本法の第一条の存在が、原理的に「逸脱」にあたる、という立場である。

大日本国憲法制定時にもあった倫理規範の法定問題

そもそも、この問題を歴史的にさかのぼってみると、一八八九（明治二二）年の大日本国憲法の制定過程において、いちはやく臣民の倫理規範を憲法上に書き込むことの是非が問われたところまで戻ることができる。そこでは、結局、法律に倫理規範を書き込むことはその性格上そぐわないとされ、これは見送られ、代わりに、地方長官からの声を受けて、教育勅語（一八九〇年）という形を取った。教育勅語は、大臣の副署のない「勅語」という形式であり、すなわち、天皇個人の見解という性格のものであった。これについては、当時の法制局長官・井上毅の手紙の記述が興味深い。勅語起草を依頼された井上毅が、山県有朋に宛てた一八九〇年六月二〇日付けの手紙の中で、次のように書いている（岩本 二〇〇一、二〇～二一頁から再引用）。

第一、此勅語ハ他ノ普通ノ政事上ノ勅語ト同様一例ナルベカラズ……今日ノ立憲政体ノ主義ニ従ヘバ、君主ハ臣民ノ心ノ自由ニ干渉セズ……今勅語ヲ発シテ、教育ノ方嚮《ほうこう》ヲ示サル、ハ、政事上ノ命令ト区別シテ社会上ノ君主ノ著作、公告トシテ看ザルベカラズ、陸軍ニ於ケル軍事教育ノ一種ノ軍令タルト同ジカラズ。

立憲政体上の君主は、臣民の内心の自由に踏み込むべきでない。もし勅語を出すならば、政治的な君主としてではない立場の勅語として出せ、と述べているのである。

さらに六月二五日付けの、やはり井上が山県に宛てた書簡では、以下の文言が見られる。

百家競馳《きょうち》之時ニ於て（よい生き方について、いろいろな考え方が競い合っている中で——広田）、一ノ哲理の旗頭トなりて、世の異説、雑流を駆除スルノ器械ノ為に、至尊の勅語を利用するとハ余り無遠慮なる為方に而《て》、稍《や》や眼識あるものハ、必当時教育主務大臣之軽率に出たりとして指弾するものあらん。

いろいろな考え方がある中で、勅語を利用して特定の理念を提示し、世の中の「異説、雑流を駆除」しようとするのは、あまりにも露骨なやり方だ。必ず文相に対する批判が出るだろう、というのである。

要するに、戦前のシステムにおいてすら、教育の目的、特に個人の内面に関わるものについては、法律で規定することに対して、否定的な見解がしっかりと展開されていたわけであり、詰まるところ教育目的は、法律も大臣も関わらない「勅語」という形式で書かれたのである。それを考えてみても、人々の内面に関わるものを教育目的として法的に位置づけようとすることに対しては、慎重さを要することがよくわかる。

実は教育基本法制定時にも、「教育目的」を法律で規定することが果たしてよいのかという議論があった。「どういう人間を作りたいのか」というような「教育目的」が、法で定める性格のものかどうかという問題である。制定に関わった文部大臣・田中耕太郎は、当時の文脈の中で、「できないわけではない」という、苦しい記述を残している。市川昭午によれば、その背景には歴史的事情があった。「教基法は、失効した教育勅語に代わる教育宣言という役割と、新たに発効した日本国憲法と関連して教育上の基本原則を明示するいわゆる教育憲法的な役割の二つを担っていた」（市川 二〇〇三、五頁）というのである。敗戦後まもなくの時期で、教育の理念や制度を一変させねばならない状況のゆえに、あえて、道徳や倫理に関わるような「教育の目的」が掲げられた。それゆえ、教育基本法の目的規定は、戦後の特殊な文脈の中でできた条文であることが、まず理解されねばならない。

「教育目的の法定」の正当性を考える

私自身は、教育目的・教育理念は法で規定しない方がよいと考えており、むしろ、直接教育に携わる教員たちが、専門的な見地から自ら責任をもって定め、練り直していくべきものだと思っている。そういう意味では、個人的な選好でいうと、現行法は私にとってベストなものではない。

しかしながら、法律で教育目的を定めること自体に正当性がまったくないというわけではない。その理由としてあげられるのが、第一に、外国でも教育目的を法で規定している例がいろいろあり、決して、教育目的を法定化するのが例外的だというわけではないということである。たとえば、ドイツの場合、連邦レベルではなく州憲法レベル以下のところではあるが、議会によって「教育目的」が定められている。それは、行政が「教育の目的」を恣意的に規定してしまうことを警戒しているためである（教育学関連15学会共同公開シンポジウム準備委員会編 二〇〇四、前原健二報告）。

表1および表2は中央教育審議会答申資料で、諸外国の例を見たものだが、そもそも教育基本法に該当する法律をもつ国ともたない国があり、教育の理念や目的、原則などの内容に関しても、そうした法律もしくは文書等で定められている場合が少なくないことがわかる。このように、教育理念を法律に書き込むことは例がないわけではないし、特別なことでもない。国や地域によって実情がバラバラで、考え方もまちまちで……、ということであるならば、普遍的な原理的議論によって、肯定または否定の結論を導くことはできない。

第二点目としてあげられるのが、教育の営みには思想や価値観の形成にどうしても関わらざるをえない部分があるから難しい部分がある、ということである。

この点について西原博史は、日本国憲法第二六条で「教育を受ける権利」が保障されていることを前提としたうえで、次のように指摘している。

ただ、義務教育制度のもとで子どもは、毎日学校に通わされ、一日のうちでかなりの時間、さ

表１　「教育基本法」（国の教育の理念、目的、原則を定めた根本法たる法律）制定状況

教育基本法令制定状況		該当国
教育基本法を有する国		韓国　中国　タイ　スウェーデン　フランス　イタリア　スペイン　ロシア
教育基本法を有しない国		イギリス　アメリカ　カナダ
	憲法で理念等を定めている国	オランダ
	政府文書で定めている国	マレーシア（「国家教育理念」）
	省庁文書で定めている国	シンガポール（教育省文書「期待される教育成果」）
	州憲法又は州教育法で理念等を定めている例がある国	ドイツ（ノルトライン・ヴェストファーレン州憲法） オーストラリア（ニューサウスウェールズ州憲法）

表２　教育基本法・政府文書等で定めている内容

内容＼国	韓国	中国	タイ	スウェーデン	フランス	イタリア	スペイン	ロシア	オランダ	マレーシア	シンガポール	独（ノル州）	豪（ニュ州）
人格の完成、精神的発達	○	○	○				○			○	○		
国家、社会発展への貢献	○	○	○		○	○		○		○	○	○	
教育の機会均等	○	○	○	○	○	○	○			○			○
義務教育・教育の無償	○	○	○		○	○	○	○		○			○
政治的中立	○							○					
宗教教育への言及	○	○	○		○		○	○		○		○	
道徳心の育成		○	○				○	○		○			
市民性の育成	○	○	○	○	○		○						
祖国愛		○	○					○			○	○	
国の文化、伝統、歴史		○	○					○		○			○
将来の社会参加・生活に必要な知識・技能の教育	○		○	○	○	○	○						

注）1. フランスの教育の無償、宗教教育への言及については憲法規定、オランダは憲法規定、マレーシアは政府文書、シンガポールは教育省文書、ドイツはノルトライン・ヴェストファーレン州憲法、オーストラリアはニューサウスウェールズ州教育法。
2.「宗教教育への言及」は、宗教教育の禁止（韓国、中国、フランス、ロシア）又は推進（タイ、スペイン、マレーシア、ドイツ）のいずれかを規定していることをさす。

出典：表１・表２とも、中教審答申資料より転載。

まざまな価値観の混入した教師の指導を受けることになる。こうした学校教育は、必然的に、子どもの思想・良心の形成に影響を及ぼす。その意味で、公教育と〈思想・良心の自由〉の間には、もともと緊張関係がある（西原 二〇〇三、一一～一二頁）。

ここでは、教師個々人の特性の問題というよりも、公教育そのものが「思想・良心の自由」との間に緊張関係を必然的にはらむことを問題としなければならないだろう。西原が指摘しているように、思想・良心の自由にまったくふれない、あるいは非常に距離をとった形で教育を組織化し、実践することは、なかなか考えにくい。

3 「理念の制度化」の問題点

留意すべき〝日本的な文脈〟

以上見てきたように、外国でも教育目的を法定化している例があること、そして教育の営みの中で価値の形成に関わらざるをえない部分があることから、教育目的を法で定めることを正当化する根拠はないとはいえないと思われる。しかしながら、にもかかわらず、道徳規範や倫理的条項を教育目的として法定化することに慎重でなければならないと私が考えるのは、この問題を日本の社会的文脈の中で考えた時、プラスよりもマイナスに作用する危険性のほうが大きいように思われるからである。

考慮すべき問題を以下の三点に集約してみた。

A　言語・宗教・生活文化の均質性

第一に、日本の社会の文脈でいえば、国家が教育の価値を定めて、これを一元化するならば、価値観や生活文化の面での少数者や異端者に対する配慮を欠く危険性が少なくない。ヨーロッパの諸国やアメリカのように、社会がさまざまな宗教・民族・言語集団によって構成され、分裂や葛藤の緊張をはらんだような社会においては、「社会の解体」が常に潜在的な問題として重視される。それに対して、言語、宗教、生活文化がかなり均質な日本においては、価値の教え込みを必要とするような「社会の解体」という事態よりも、むしろ「社会秩序への過剰な組み込み」の危険性の方が大きな問題だと考えるべきである。均質な教育あるいは均質なシステムを徹底させようとする動きは、多様さや差異に対する寛容や、少数の「異質な他者」への配慮を欠きがちである。

たとえば、教育基本法改正を論じた中教審の答申に、「日本人」という語句があまりに安易に多用されているのをみても、そうした配慮がまったく欠如していることが、はしなくも露呈している。さかのぼってみれば、一九六六（昭和四一）年に中教審が提起し、大きな議論を呼んだ「期待される人間像」のころから、「日本人」という言葉が、教育関係の審議会の答申に使われるようになった。在日外国人のような人たちへの視点が欠落し続けてきているのである。「『21世紀を切り拓く心豊かでたくましい日本人の育成』をめざす」と謳った中教審答申の文言には、多様な国や地域の出身の人々がやってきて一緒に住むといった感覚が欠落しているのである（この点は第6章であらためて論じる）。

ちなみに、福田誠二によれば、ロシアでは、民族文化や文化的伝統という場合、それは国家統一の理念ではなく、多民族・多文化という概念を表す（教育学関連15学会共同公開シンポジウム準備委員会編 二〇〇四、五四頁）。多民族・多文化の社会では、民族や文化といった言葉や概念が意識的に多様さへの配慮として使われているわけだが、日本では、ちょうど対照的に、少数者を無視・排除する発想の中でそれらの観念が使われてきているのである。

B 中央からのコントロールの強さ

第二に、日本の教育システムは、中央からのコントロールが非常に強い。後でもふれるが、「日の丸・君が代」の問題などはその典型といえる。日本の教育行政は官僚制を通じて強力に個々の現場を統制してきたことは周知の通りである。官僚制システムが円滑に機能しているからこそ、その弊害もまた重視されるべき必要がある。ある事柄が法律によって上から規定されると、教育委員会がそれを詳細に定めて、現場に降ろして厳しくチェックするといったように、日本の教育制度は非常にコントロールの強いシステムとして作動しうるのである。

特に、教育行政は上意下達の体質が長年にわたって作られてきた。教育行政を取材対象としていたジャーナリストの黒羽亮一は、一九五八年の警察官職務執行法（以下、「警職法」と記す）改正問題に関わって、警察行政と教育行政の末端統制のあり方の違いについて、次のように述べている。

警察行政と教育行政の推移を比較すると、教育二法や地教行法（「地方教育行政の組織と運営に関する法律」の略。教育二法と地教行法については、第3章でふれる―広田）の制定は警察法の制定の段階に対比できる。ともに戦後の行政の基本的体制を整えた点においてである。警官出動の国会でその法律が成立したことも類似している。たしかに、警職法改正問題と勤評行政（教員を勤務評定で統制しようとした文部行政――広田）を対比するのは若干無理があるが、警察は挫折を転機に、法律強化により行政執行の便宜を図るという道を積極的に選択しなくなった点には注目したい。

これに対して中央・地方の教育行政は、法律を盾としてますます規制を強化することになった。法律や命令（政令、省令）より下位にあるが、規範性をもっているとされる規制、通達のたぐいは年々ふえていった。すでに教育二法や地教行法が効果を発揮し出しているのだから、サイレント・アドミニストレーション（無言の行政）であっても、いずれは関係者の常識と良識でおさまるようなことにまで、警告や通達を重ねる場合も多かった。ところが警告や通達は、それに従わざるをえないと内心覚悟を決めかけた者の心情を逆なでする。このため絶対反対の声明が出たり、実力行使に及んで、事態はさらに混迷化するといった現象も往々にみられた。そして長きにわたって、校長は教育の統率者というよりも、行政機関の末端吏員として処することになった（黒羽 一九九四、三二八頁）。

伝統的に日本の教育行政は、法律で規定された事項をさらに細かく規則や通達のたぐいに降ろして現場をコントロールしていく仕組みを取ってきた。近年の地方分権改革は、教育行政の分野でも進んでいるが（また教育基本法改正の中教審答申もその方向を明示しているが）、依然として、行政が教育現場を通達や命令でしばる体質は改善されていない。むしろ、石原慎太郎都知事のもとで、日の丸掲揚・君が代斉唱の具体的なやり方が、こと細かく指示されて「職務命令」で強行されてきているように、分権化は教育委員会による教育現場の統制をいっそう強めている部分すらある。同じ中央集権的な教育行政ではあるが、教員の「教育の自由」がかなり徹底して保障されているために、行政が教育実践の現場をコントロールすることが稀薄なフランスなどとは対照的である。

官僚制的な「命令」の典型は、「心のノート」利用率の調査でも見ることができる。「心のノート」が生徒たちに配られ、その利用状況を調査するという全国的なシステムが作動することによって、どの現場も「命令」から逃れられない状況が生み出されている（「心のノート」については、長岡 二〇〇二、野田 二〇〇二b、等を参照）。官僚システムが円滑に作動しているがゆえに、日本ではこのような徹底したコントロールがスムーズに生じてしまいがちだ、ということである。

C　教育の目的が「正しい国民」を規定することになるという危険性

第三に、法律に教育の目的を書き込むことは、単に子供の問題を超えて、「正しい国民」を規定することにつながるという点がある。すなわち、教育に関する法に書き込まれた「あるべき国民像」はそのまま、大人社会の「道徳」への法的定義を与えることにもなってしまう、ということである。この点は、改正是非論においてあまり自覚されていないが、もっと注意が払われるべきである。

私は別の機会に、「青少年の道徳教育をめぐる言説や制度は、『正しい人間』『より道徳的に価値の高い生き方』を社会的に定義する機能を果たす。それは成人を対象にした一般行政におけるよりもはるかに踏み込んで、人の生き方の序列づけをおこなうことになる」（広田二〇〇四、七四頁）と書いた。法の中に「望ましい国民」像が細かく書き込まれることの危うさは、子供の教育の問題を超えて、社会の道徳規範を国家が法的に定義してしまうことになるという点にある。

特に、教育基本法が包括する範囲には、現行のものであれ改正案であれ、社会教育・生涯教育を含んでいる。「教育の目的」は、成人までも射程に入れることになる。刑事や民事の他の諸法令とは異なり、ダイレクトに「教育されるべき、あるべき国民像」が道徳レベルにふみ込んで規定されるものとなるのである。教育基本法改正に向けた中教審の答申では、現行の第一条などよりもはるかに具体的で詳細な諸徳目が設定されようとしている。「正しいコドモ」を事細かに法で描くのは、「正しいオトナ」を法定することにもなってしまうのだ。

「理念—制度—実践」の緊密性が危険を生む

もしも百歩譲って、教育理念を法で定めなければならないとしたら、以下の二点について保障がなされるべきだと私は考える。

第一点は、理念や目的は、抽象的で最小限度にとどめるべきだということである。多様な解釈や曖昧さが必要で、これは大人社会の自由度の保障のためにも必要であるし、時代や場面、対象に即した多様な教育を保障するためにも必要である。この点については、後の章でも述べるので、ここでの詳述は控えておく。

第二点は、理念や目的をそのまま実践の場にストレートに降ろして、被教育者の行為や態度まで問題にしてしまうような、タイトな仕組みを作らないだけの慎重さが必要だという点である。理念―制度―実践が緊密につながると、その理念の中身が何であっても、ずいぶん危ないシステムができあがってしまう。たとえば、現行の教育基本法における第一条中の「勤労と責任を重んじ」という文言を想起してみればよい。現行法は、もっぱら教育行政の枠組みを規定するにとどまっているから、誰もこの文言によって抑圧や排除を感じずにすんでいる。もし、教育現場において「勤労と責任を重んじ」る教育を個々の教員がしているかチェックされるシステムや、「勤労と責任を重んじ」る資質が育っているかどうか個々の生徒がテストされるシステムが作られたとしたら、たちまち抑圧的な状況が生まれることになるだろう。教育の理念の内容の問題とは別に、理念を実践の現場に押しつけ、それが徹底されているかを個別にチェックするシステム自体が、教育の自由や自律性、個人の思想・良心の自由にとって非常に危険をはらむものとなりうるのだ。

考えてみれば、過去の教育勅語や軍人勅諭が実践的に果たした機能は、そうしたものとして理解しうる。それらが国民にとって抑圧的に作用したのは、その内容以上に、現場で、身振り・態度を強制され、監視されるために利用された点であった。教育勅語が出された一八九〇年から明治末期ごろまでは、教育勅語の現場への普及は必ずしも徹底せず、「内容的に時代にそぐわない」と教育勅語廃止論すら議論されたぐらいであった。しかし、学校でのさまざまな実践の場面に次第に定着していくにつれ、教育勅語は儀式の仕掛けとして有効に機能する体制が作られた。儀式の場面における「権威への服従」が身振りによってチェックされる仕組みが、ある時期以降、徹底されるようになったのである。軍人勅諭も同様であった。陸軍の場合では、ある時期までは、軍人勅諭の読み間違いや妙な節回しには比較的寛容だったものが、大正末から昭和にかけて勅諭奉読のスタイルが定められ、昭和の戦時期には、それが徹底した同調の仕掛けとして機能していくようになった。

重要なことは、教育勅語や軍人勅諭の内容の問題という次元とは別に、それらが制度を介して実践場面で徹底されることで個人に同調を強いる仕掛けとして強力に機能したことである。

教育基本法の改正問題において、他のさまざまな諸徳目以上に「国を愛する心」が特に問題にされるべき一つの理由は、それが、個々人の「同調―非同調」を可視化させる、さまざまな儀式・儀礼と結びつきやすいからである。法に書き込まれることで実践の場が「同調―非同調」のチェックの場となることは、一九九九年に成立した国旗・国歌法ですでにわれわれは目の当たりにしている。法律に道徳や論理的な事項を書き込むべきかどうかという問題と並んで、法に書き込まれた「教育目的」が国民に権威への同調を強いる仕掛けとならないように、実践の場とチェックの場との間に距離が設定される必要があるように思われる。

ここでの議論は、やや先走りすぎてしまった。現場で何が起きることになるのかについては、第4章であらためて検討していくことになるだろう。

第3章

政治と教育

1 「政治」をめぐる政治

第2章のように、時間／空間を特定しない議論の水準で、教育の権力性や法と道徳の関係を考えるかぎり、どういう着地点が望ましいのかは見えてこない。むしろ、いま／ここ、という特定の時間／空間の中で問題の構図を組み立ててみる必要があるように思われる。

そこで本章では、教育基本法改正論が勢いを得てきた思想的文脈を、現代日本における〈政治の変容〉という視点から整理してみたい。それは、第2章で展開したような、教育一般の抱える権力性の問題や、静的な法解釈学的枠組みでは解けない問題について、別の見方を可能にしてくれるはずである。

表1　現代における教育問題の構図

	社会化問題	配分問題
個人化	制度につなぎとまらない個人 制度の正統性への懐疑	タテの多様性（格差問題） ヨコの多様性（制度の自由度）
グローバル化	文化の多様性 国民国家の相対化	マイノリティの機会や権利 国際間の経済競争／再配分

出典：広田（2004）

政治的境界線とともに変容する民主主義

教育基本法改正是非論がはらんでいるのは、国家と個人の関係をどうするべきなのか、という問題である。教育の世界で近年生じてきている問題は、社会関係の根本的な変化がその背景にある。私は、別の機会に、〈個人化〉と〈グローバル化〉という二つの変容を軸に、整理してみた（広田 二〇〇四。なお、グローバル化が今後の教育システムに与えるインパクトについては、広田 二〇〇五b・cでも考察した）。表1は、その簡単な整理である。〈個人化〉と〈グローバル化〉のそれぞれが、教育システムが果たすべき二つの主要な機能――社会化と（人員の）配分――のそれぞれに関して、さまざまな「教育問題」を生み出しつつある、という図である。〈個人化〉と〈グローバル化〉は、多重・多層に存在する集団と個人とのこれまでの関係を揺るがせる。それらはまた、国民に対する国家の役割の再選択・再定義を迫っている。そうした中、中教審の答申が描く日本の未来社会像は、表1に掲げた諸課題に対して、一つのまとまりのある「回答」を提示したものとみることができる。

しかしながら、それはあくまでも「一つの」回答である。国家と個人の関係の現状をどうみるか、そして、今後どういう方向を求めていくべきかについては、もっと多様な可能性があるはずである。

大規模な社会の変容が背後にあるのだとすると、教育基本法改正問題をはじめとしてこれからの教育の枠組みを考えるためには、個人と国家の関係、私的自由の尊重と公共性の関係、国民国家とそれを超えた秩序の可能性の問題など、政治の枠組みの考察を抜きにしてはありえないということになる。それゆえ、とりあえず、考察のスタート地点に定めたいのは、「政治」の変容の様相を考察することである。

ここでは考察の枠組みとして、山崎望の興味深い論文(山崎 二〇〇三)を紹介したい。山崎は、まず、近年の政治のあり方の変容を説明するために、「政治的なるもの㊕」と「政治的なるもの㊖」という二つの位相を区別して、以下のような定義を与えている。

「政治的なるもの㊕」――政治が見出されるアリーナ。

「政治的なるもの㊖」――集団を単位とした敵対性の契機をめぐるもの。㈰敵対性と、㈪集団を形成する境界線、という二つの要素からなる。

山崎によると、「政治的なるもの㊕」と「政治的なるもの㊖」とがそれぞれ現代的に変容していく中で、民主主義のあり方に変化が生じているとしている。山崎の説明に従って、その変容の状況を見てみる。

A 「政治的なるものⅠ」の変容

近代以降の政治秩序のもとでは、「国内／国際」という分化、「公的／私的」という分化にそって、政治のアリーナが作られてきた。つまり、区画が分かれた中で、政治的な部分が提示されていた。自由民主主義は、国内問題の公的領域というアリーナで機能した原理だった（山崎、一二三〜一二四頁）。ところが、今日、政治は従来「政治」を囲い込んできた境界線を越えて展開するようになってきた。フェミニズムの有名な「私的なことは政治的なこと」というスローガンは、「公的／私的」という従来の境界線を問い直す典型例である。国内問題と国際問題との境目も不分明になっている。加えて、政治的争点を新たに立ち上げるさまざまな集団の活動＝サブ政治が活性化してきた。つまりこれは、「公的／私的」の線引きを改めてやり直す動きで、私的だと思われてきたことを公的・政治的なアリーナで議論されるべきだとするような、政治に関しての新しい認識の仕方であり、行動の様式である。「サブ政治は、従来の政治制度の形骸化に対して進展する『政治の再創造』であり、何が政治であるのか自体を決定する政治、つまり『政治の政治』に他ならない」（一二五頁）と山崎はいう。近年、さまざまな領域で動きが活発化しているＮＧＯやＮＰＯの活動は、サブ政治の代表的な例であり、サブ政治によって、「公的領域／私的領域」の境界線だけでなく「国際政治／国内政治」の境界線もまた、脱自然化してきた。もはや政治の対象となるアリーナは自明のものではなくなり、さまざまな活動をとおして、領域の境界線が流動的に引き直されてきている。要するに、「何が政治の対象か」という点の自明性が崩れ、公と私の境界線や国境という境界線で明確に限定されるものではなくなってきているのである。

B　「政治的なるものⅡ」の変容

旧来の敵対性の境界線である階級や宗教といった既存の政治的境界線は衰退し、代わって、福祉国家批判や「新しい社会運動」などの新たな敵対性や集団を形づくる境界線が登場してきた。「政治空間における敵対性と政治的境界線の形態は多元化し、どの対立軸が中心的な争点を構成するかはアプリオリに決定不可能であることが明かになった」(一二七頁)。そうした中、「政治的なるもの㊦」を再編するダイナミズムは、「一方では、主権国家という政治共同体を動揺させている。ネーションから上・下に帰属意識を変容させる『再領域化』と、国境を越えた人、情報、文化の展開による『脱領域化』であ」(一二七～一二八頁)り、と同時に、「他方では、ネーションへの帰属意識は、『国民の再定義』を求める新右翼勢力などによって、不断に再活性化されている」(一二八～一二九頁)と山崎はいう。旧来の固定的な政治的境界線が重要性を減じる中で、国家に関しては、一方では帰属意識の変容や離脱と、他方ではその再活性化とが複雑に入り混じって進行している、ということである。

C　「政治的なるものⅠ・Ⅱ」の変容の帰結

こうした「政治的なるもの㊕・㊦」の変容、すなわち、「政治的領域の決定不可能性の前景化、および敵対性と境界線をめぐる変動がもたらした状況」は、人々の自由に関して両義的に作用する。人々の自由を広げる可能性をもつとともに、自由が抑圧される危険性ももっている。

つまり、抑圧されていた人たちの人権問題が政治的な課題として認識されるというふうに、従来は私的なものとして扱われていた事象が公的な領域に上がることによって、隠れていた問題を議論し改善できるようになる部分もあるし、逆に、境界線が動くことによって、本来、問題にされなければならないものが「私的なもの」として扱われることも起きてくる、ということである。ドメスティック・ヴァイオレンス（DV）の問題などは、旧来、私的な問題として片づけられてきたものの政治的問題化であって、前者の「自由を広げる可能性」の例である。反対に、失業問題はこれまで社会的な問題とみなされてきたが、今日では個人的な問題に片づけられる傾向があり、これは後者の「自由が抑圧される危険性」の例といえる。

こうした結果、さまざまな両義的な動きが起こっている、と山崎はみる。「政治的なるもの㊕」に関していうと、一方では新たな政治的アリーナを作り出せる可能性が生じてきており、他方では私的自由として政治から隔離されるべき領域や国際的な解決がめざされるべき問題が（国内の）政治的イシューとされてしまう危険性なども生じてきている。

「政治的なるもの㊜」については、集団的な境界線が流動化する結果、既存のアイデンティティ集団から離れて、新たな集合的アイデンティティや新たな文化的コードを形成する「われわれからの自由」や「われわれへの自由」をもたらす可能性もあり、また、両者が緊張をはらむ可能性もある。敵対性についても、一方では消滅する可能性もある（階級対立の衰退、等）し、他方では、原理主義的・本質主義的な潮流によって昂進してしまう可能性もある（民族紛争、等）。

では、ポスト冷戦期において、自由民主主義は二つの「政治的なるもの」の変容に対してどう対応できるか。山崎は、『われわれ』の形成過程で外部に放擲され、内部で抑圧された『他者』の声に絶えず耳を傾ける」（一三七頁）ような、「同質性や安定性に基礎をおかない民主主義」（一三五頁）を提起している。

教育基本法改正論に見る「境界線の見直し」の問題点

山崎の考察は、「公／私」「国内／国際」の区分の変容を政治的なるものの変化の中心に据えている点が興味深い。特に、現在起きている「政治の変容」を、一方向的で宿命的な流れとみなすのではなく、両義的な方向のものとして説明する点で、きわめて示唆的である。教育基本法改正問題に関していえば、「抵抗」の射程や「オルターナティヴ」がもしあるとすると、山崎が整理したような現代の政治がはらむ両義性の、別方向の動きからそれらを構想することが可能だからである。

そうすると、ここで必要な作業は、教育基本法改正論が描く社会像や教育像が、「何を『政治』の領域の問題と考えるか」「どのような集団的な境界線を想定し、敵対／非敵対関係を考えるか」ということに関して、どういう流れの中でどういう方向を向いているのかを、確認することである。

教育基本法改正案そのものに即していえば、中教審の答申には、旧来の「公的／私的」の線引きを問い直そうとする動きを随所に見ることができる。また、現行法の第一条の目的規定に「国を愛する心」の涵養や「文化・伝統」の尊重といった理念を盛り込もうとする動きは、「国民」という境界線をあらためて引き直す、「ネーションの再活性化」の方向を向いているというふうにいえる。

ほかの条文でも、以下のような境界線の見直しが行なわれようとしている。

第十条の「教育は、不当な支配に服することなく、国民全体に対し直接に責任を負って行われるべきものである」という条文中の「不当な支配」という文言の位置づけの変更は、行政をその対象から外そうとするものである。それは、「不当な支配」の定義を「私」(的団体)による干渉に限局する形で、「公/私」関係を再編成しようとするものである(大内 二〇〇四)。

第七条第一項の「家庭教育及び勤労の場所その他社会において行われる教育は、国及び地方公共団体によって奨励されなければならない」という現行の条文に関して、中教審は、「家庭は、子どもの教育に第一義的に責任があることを踏まえて、家庭教育の役割について新たに規定することが適当」と答申している。これは、家庭の教育のあり方を「私領域の事項」とみなし、これまで「奨励」に限局していた従来の公権力の関与を見直す動きである。それは、家庭教育の具体的な内実という「私」の領域を、「公」の関与の対象に含み込んでいこうとするものである。

第九条第一項「宗教に関する寛容の態度及び宗教の社会生活における地位は、教育上これを尊重しなければならない」という現行法の条文に関して、中教審は、「宗教に関する寛容の態度や知識、宗教の持つ意義を尊重することが重要であり、その旨を適切に規定することが適当」と答申しており、これもまた、「私」の領域に「公」が積極的に関与する方向を示したものであるといえる。

また答申では、教育基本法の中に「教育振興基本計画」を策定するための根拠を盛り込むことが求められていて、これによって教育目標と教育内容を規定する機能をもたせ、その時々の政策を具体化する働きをさせようとしている。これは、総体としてみれば、政治的な対立点を含んださまざまな「計画」事項を、政治性を脱色した行政上の手続き問題として処理することを可能にしようとするものである。たとえば、「学校選択の適切な実施」や「特色のある私立小中学校の設置の促進」などは、実は教育の機会均等に関わる重要な政治的争点をはらんだ問題である。「新たな教員の評価システムの導入」も、かつての勤務評定問題（一九五六〜五八年）のように、政治的な含意をもつものとして議論されるべきものであろう*。

*――いずれも、「実際に計画を策定する際には十分参考にしてほしい」と最終答申中に述べられた、中間報告の「教育振興基本計画に盛り込むべき施策の基本的な方向」に盛り込まれている。

教育振興基本計画の問題点については、成嶋隆が次のように指摘しているので、ここで紹介しておこう。

「基本法――基本計画」スキームの問題性は、第1に、国家政策の定立形式が国民代表会議の制定する「法律」から行政府の策定する「計画」に移行し、これに対する民主的コントロールの回路が遮断されること、第2に、行政手法のうえで従来のプロセス管理から「計画」達成度の評価にもとづく結果管理方式に移行すること、そして第3に、とりわけ教育計画においては条件整備計画のなかに教育内容面でのプログラムが織り込まれることにより、計画による教育内容統制が強化されるという点である（成嶋 二〇〇四、五頁）。

教育基本法改正案では、「ネーションの再活性化」の方向を向いているだけでなく、今あげたような点が、旧来の公／私の区分等をめぐる「政治に関する政治」のモメントをはらんでいる。この点を、以下の節で、もう少し歴史的文脈に即して掘り下げてみる。それは、「戦後」の日本社会を形づくっていた自明の政治的境界線が揺らいできた過程をあとづけてみる作業である。

2　戦後日本における政治的境界線の変容

「戦後」の枠組み

A　「戦後」の枠組みの特徴1――「公」と「私」の境界線の峻別

教育を含めた「戦後」の日本社会の枠組みは、主として二つの特徴で描くことができるだろう。特徴の一つめは、公的領域と私的領域の境界線をめぐる争いによって、「公」の「私」への過剰な介入が避けられる枠組みが形成されたということである。その背景には、「公」が無制限に「私」に介入した、かつての戦前から戦中にかけての経験からの反省と、冷戦体制下の対立（革新勢力の抵抗）という二つの側面があった。その二つの結果、「公」の過剰な介入への反発や抵抗が広範に存在したからである。そこでは、私的な領域を公的な過剰な介入から守ろうとする形で、「公」と「私」の境界線が引かれた。ただし、冷戦体制下の対立の中で、社会主義を信奉する革新勢力が実際に守ろうとしたのは、リベラルな「自由」であった。この点には注意が必要である。

私領域への公的介入で社会統制を強化しようとする動きと、公的な過剰な介入から「私」を守ろうとする動きとは、当時、さまざまな対立事件となって社会に噴出した。たとえば、破壊活動防止法（破防法）の公布（一九五二年）をめぐる問題である。「治安維持法の復活」が危惧されたため、世論の大きな反発が起きる大きな争点となった。それゆえ、破防法は成立したものの、数十年にわたって発動されないできたという経緯がある。

警察官職務執行法改正案（一九五八年）をめぐる対立も、「公」と「私」の境界をめぐる争いであったといえる。この改正案は、官憲による職務質問や所持品検査、立ち入り調査の権限拡大を企図していたため、「デートを邪魔する警職法」（『週刊明星』）といううまいコピーが作られるなどで世論が一斉に反対にまわり、審議未了で廃案になった。

教育の分野でも同様に、「公」の過剰な介入に対する反発や抵抗が、公と私の境界線を作り出してきた。たとえば、戦後間もないころの道徳教育をめぐる政治状況である。

一九五〇年一〇月、天野貞祐文相は、祝日の学校行事として「国旗掲揚・国家斉唱」を奨励する談話を発表し、それに対して大きな批判の声が上がった。天野文相は従来から、「新しい修身科を特設するのが望ましい」と主張しており、国民の道徳目標となる国民実践要領の提出をめざしていた。これは、国家の道徳的中心は天皇にあるとされるように、戦前の修身を色濃く反映していたため、マスコミから「天野勅語」と呼ばれた。参議院文教委員会は国民実践要領について公聴会を開き、ほとんどの参考人が道徳教育の振興には賛成しつつも、文部大臣として道徳の規準を出すことには反対した。文教懇談会でも、「押しつけのような発表のしかたはやめるべきだ」との意見があり、結局、天野文相は国民実践要領の提出を諦め、文相辞任後に個人の著作物としてこれを公刊した（黒羽 一九九四）。

教育界だけでなく日本社会を大きく揺るがした、いわゆる教育二法案（一九五四年）と教育三法案（一九五六年）の問題は、「公/私」をめぐる綱引きというよりも、教育行政と学校現場、つまり「公」内部の綱引きだったといえる。しかし、法案に反対する世論は、戦前のような強力な国家統制を警戒し、学校現場への国家の過剰な介入に対する強い反発が背景にあった。

教育二法案は、「教育公務員特例法の一部を改正する法律案」と「義務教育諸学校における教育の政治的中立の確保に関する臨時措置法案」という、教師の政治活動の制限を企図する二つの法案のことで、一九五四年に国会に提出された。それは、「もし法律を拡大解釈すれば、憲法に保障された言論・集会・出版の自由、一般人の政治的活動の自由に抵触することにもなりかねない治安立法的性格をもってい」た（黒羽、一六九頁）。そのため、日本教職員組合（以下、「日教組」と記す）や社会党だけでなく、東大総長、全国教育委員長協議会、全国連合小学校校長会等が次々と反対を表明し、マスコミもこぞって政府を批判したが、同年六月に可決・成立した。

教育三法案は、一九五五～五六年の国会に上程された。㈰戦後の教育改革の全面的な見直しを企図した「臨時教育制度審議会設置法案」、㈪教科書発行・供給への文部省の監督強化などを定めた「教科書法案」、㈫教育委員の公選制を任命制に改めるなどの「地方教育行政の組織及び運営に関する法律案」（以下、「地教行法」と記す）の三つの法案である。こうした動きに対し、日教組はもちろんのこと、東京十大学長共同による批判声明とそれに応じた関西十三大学学長の賛同声明など、教育現場から多くの批判の声が上がったが、それだけではなく、行政の側からも、全国都道府県教育委員会協議会、全国地方（市町村）教育委員会連絡協議会などが反対を表明した。さらに、これら両協議会、日教組、日本青年団協議会、日本子どもを守る会などが共同声明を発表して共同闘争を組織し、七二五万という国会史上最高の反対署名が集まった（黒羽 一九九四、大田編 一九七八）。

このような大きな反対運動を受けて、政府は㈰と㈪の法案は断念した。しかし、一九五六年六月二日、国会に警官隊五百人を導入して、㈫「地方教育行政の組織及び運営に関する法律案」（以下、「地教行法」と記す）は強行可決された。

地教行法の施行によって、教育委員会の公選制は終焉した。教科書への統制も、教科書法案のような形ではなかったが、検定を強化する体制の中で実質的に進んだ。

一九六六年一〇月、中教審は「後期中等教育の拡充整備についての答申」を提出したが、この時、別記として示された「期待される人間像」も、国民の「あるべき姿」を行政が規定するものとして大きな注目を集め、野党や組合から大きな反発を受けることになった。

このように、戦後ある時期までは、治安関係の立法や教育関係の立法をめぐって大きな対立が頻発した。それは、国民生活や教育に対する国家統制をめぐる対立であった。それは、「公」が過剰に「私」に介入することに対して、人々の間に大きな抵抗感があったことを示している。

B 「戦後」の枠組みの二つめの特徴2――一国主義的な政治枠組み

「戦後」の枠組みの二つめの特徴は、一国主義的な政治の枠組みで、戦後の社会が進んできたことである。姜尚中は、「(日本の場合―広田)戦後はアジア主義の完全な否定の上に一国主義的な了解ができあがったわけです、だから非常に単一民族的な国家が、戦後日本の一つの大きな柱だったと思います。憲法という平和的な国の体制ができあがったけれども、内実は非常に一国主義的な『単一民族社会』に収縮してしまった」(姜二〇〇三、九四頁)と述べている。

戦後の日本は、植民地を手放し、「遅れたアジアの被占領国」として再出発する中で、冷戦体制のもとで西側陣営諸国の一つという、役割の明確なポジションにつくとともに、アメリカの核の傘の下に入ることによって、日本は一国のレベルでの経済発展に専念することができた。実際には、国内には数十万人の在日韓国・朝鮮人などがいたが、一般的には、「日本に住む人=国民=日本人」という等式が作られて、彼らを無視する形の社会意識が作られ、ごく近年まで続いてきた。

これは、戦後の西欧諸国がたどってきた道と少し異なっていた。西欧諸国がかなり早い時期から旧植民地からの労働力を受け入れ、多民族・多文化社会に変容していったのに対して、日本は、一九八〇年代末まで、労働力の受け入れに関して「鎖国」主義を採り、一国主義的な政治の枠組みの中に安住してきたのである。

このようなスタンスに安住したのは権力側・右翼勢力だけではなく、左翼勢力も同様である。たとえば、革新勢力による平和運動も、「一国平和主義」に安住してきたという意味では、まなざしが「国境」の内側に閉ざされてきていたといえる。朝鮮戦争期の日本の平和運動における言説を分析した道場親信は、日本の平和運動が作り出した「あらゆる戦争に反対」という、一見すると普遍主義的な理念が、当時の政治意識の中で、「自己完結的な閉鎖空間」としての「日本」の中での内向きのものとして作られていった過程を描き出している（道場 二〇〇三）。道場は、日本の平和運動のこのような「ナショナルな空間に閉ざされた普遍主義的心情」を鋭く批判している。

教育の分野でも、戦後の教育論の大半は、一国主義的な枠組みの上に構築されてきたといえる。たとえば、上原専禄から宗像誠也・勝田守一らに受け継がれ、一九五〇年代半ばから作られてきた「国民教育論」は、「民族の独立を担う主権者としての国民」を自己形成することを主眼とし、そのために教育権の主体を国家から民衆へ奪い取ろうとすることをめざした運動だった。また、一九六〇年代から七〇年代にかけて力をもった「国民の教育権」論の場合は、「私事の組織化としての公教育」（堀尾輝久）という像が作られ、「国家の教育権」と対置されて論じられた。しかしそこでも、運動の視線は、一国内に閉ざされていたことが、その「国民」という語によくあらわれている（海老原 一九八

八、小熊 二〇〇二、等を参照)。

境界線はどのように変容しているか

戦後しばらくの期間は、以上、見てきたような枠組みがあったわけだが、今日の国内外の状況は大きな変化の中にある。この項では、社会全体が推移する中で、どのような場面で、どのような境界線の変容が起きてきたのかを簡単に整理していく。

A 境界線の変容1――「公」への警戒心の希薄化(「公/私」をめぐるもの①)

現在の社会の変化を考える時、山崎がいうような、「公/私」をめぐる境界線が次第に変容してきたという側面が重要になってくる。その一つは、かつて人々の間に広範にあった「公」への警戒心が、希薄化してきたという点である。

経済成長を足場にして、社会保障体制が整備されていくと、福祉行政に典型的に見られるように、国民の生活を監視・抑圧する介入ではなく、国民の「生」を保障する形の介入が広がっていった。それは、憲法に保障された「基本的人権」の保障を現実化するものであったと同時に、フーコーのいう〈生―権力〉的な行政が個人の生活の諸側面に関わりを深めた過程でもあった。具体的には、一九七三年に「福祉元年」といわれるような大幅な給付水準の上昇があり、「公」が国民の生を保障する福祉国家としての体制はそれなりの到達点に達したとえいる。

しかし、この傾向は、一九七〇年代末に登場してきた「日本型福祉社会論」によって様変わりする。給付水準が切り下げられるとともに、行政の低福祉を家族や企業が代わりに支えるというアイデアが出され、これが一九八〇年代以降の福祉の切り捨てにつながっていくのである（福祉国家の形成と展開については、富永 二〇〇一、木本 一九九五、浅井 二〇〇〇、等を参照）。

とはいえ、まがりなりにも「福祉国家」の枠組みが作られたことで、「公」が個々人の生活にポジティヴな意味で関わるという動きが日常化した。こうした行政の政策は、国民に安心感を与えると同時に、「公」の過剰な介入への反発や抵抗を希薄化させていった。

また、「公」への警戒心の希薄化のもうひとつの背景には、冷戦体制が風化し労働者の生活水準が上昇していく中で、階級対立的な社会意識が弱まってきた点も見落とせない。それは民間労働組合を中心にして労働運動が労使協調路線に転じ、闘争的な図式が風化していったという歴史でもある。労働運動が現実主義路線に傾いていくに従って、労使対立の構図が薄れ、山崎のいい方をすると、「階級」という旧来の政治の境界線に従った対立や葛藤は薄らいでいったのである。一九六〇年代には、国際金属労連日本協議会や同盟が結成されるというように民間労組の右傾化が進み、一九七〇年代前半には闘争路線からの軌道修正がなされ、一九七五年以降、経済的現実主義路線が民間労働組合を中心に強められた。一九八二年には、民間労働組合をまとめる協議体として全日本民間労働組合協議会（全民労協）が結成された。一九八七年には、同盟と中立労連が解散して、全民労協を母体とする全日本民間労働組合連合会（民間連合）が発足し、翌年には新産別がこれに加わった。さらに一九八九年には総評が解散し、旧総評系の官公労も民間連合に加わって、組合員総数七八九万人を抱える日本労働組合総連合会（連合）が結成された（こうした動きを概括したものとして、高橋（祐）一九九六、等を参照）。

福祉国家の形成と、階級対立の衰退により、国家を「支配階級のための権力装置」とみなすような国家像はリアリティを稀薄化させていった。それに代わって、さまざまな社会的な紛争を調停したり問題を改善するような、公共的利害の調整者としての国家という像が前面にせり出してきたといえよう。

B　境界線の変容2――「私」への敵意の醸成（「公／私」をめぐるもの②）

「公／私」をめぐる境界線の変容として二番目にあげられるのが、「私」なるものへの敵意が次第に醸成されてきたという点である。これについては、いろいろと論ずべきところはあるのだが、「私」をとりまく言説布置構造の変化という側面からのみふれておきたい。

個人の自由や権利を重視する立場に立ち、戦後民主主義を理論的に牽引したひとりが丸山真男だが、小林正弥は「丸山らは、単なる自我主義的私的欲求の解放を以て良しとしていたのではなく、内的な『新しい規範意識』の形成を唱えていた」（小林 二〇〇二、一一九頁）と評し、丸山が考えていたのは、完全に利己的な個人が成立することではなく、どこかに規範を構築する個人というものだったことを強調する。丸山らが想定していた「私」は、いわば、公共性をあらかじめインプットされた私的存在であったのである。

小林は、他方で、「戦後『啓蒙』の側も、国家主義的公観念への批判を主軸としていたため、自我主義的《エゴイスティック》私一元論を正面から論難したり、その弱点を指摘しようとは必ずしもしなかったと言わざるを得ない。……管見では、何らかの公共性を思想的・実践的に確保することが健全な社会を維持するためには必要であるにも拘らず、この派は国家主義的公観念との混同を恐れてこの点を明確に語らなかった」(小林、一一九頁)という厳しい指摘もしている。

「私」の欲望の開放を全面的に肯定し、自我主義的私一元論をはっきり打ち出したのは吉本隆明だが、それとは思想的に違う系譜に戦後「啓蒙」の主流はあり、小林が指摘しているように、彼らは「私」のエゴイスティックな部分を突き詰めて批判するような視点は、あまり明確にしなかった。「私」には当然のことながらエゴイスティックな部分もあるし、それとは異なる政治的な自立した市民のような部分もあるのだが、一般に、左派の人たちが後者を称揚する時には、前者の側面は軽視されてきたのである。

保守派は、早くから、「私」のエゴイスティックな部分をさまざまな社会問題や社会病理の「原因」として強調し続けてきた。戦後の混乱期の非行や犯罪は、「道徳の頽廃」や「利己主義の蔓延」といった言説と簡単に結びつけられて、「環境浄化」や「道徳教育の必要性」が唱えられた。高度成長期の一九六〇年代には、急激な社会の変化の中で凶悪非行や凶悪犯罪の発生数はピークを迎えたが、それらに対する保守派の主張はやはり同様であった。学生運動も沈静化し、凶悪非行や凶悪犯罪の発生数が激減した一九七〇年代には、保守派からの批判は、情報空間や消費市場にあふれ出していった青少年や、この時期に新しいライフスタイルとして定着した私生活主義やその裏返しとしての共同体意識の希薄化等に向けられるようになった。そして、一九八〇～九〇年代には、人々の間への生活保守主義の広まりを背景に、メディアの過熱報道でクローズアップされた逸脱者たち――凶悪事件を起こした青少年、学校での事件、カルト教団、サブカルチャーの世界に没入する若者など――がスケープゴートにされて危機感が煽られ、「〈私〉の氾濫が社会の危機を生んでいる」というイメージがふくらまされていった。時期によって細かな変化はあるが、「道徳が乱れているのでさまざまな問題が生じている」という議論は、保守派によって戦後延々と繰り返されてきたのである。

少し横道に入って、現在について考える時の注意を一点だけ喚起しておきたい。そこには、現実のリスクの大きさ以上に、「秩序につなぎとまらない他者」に対する不安が醸成されているという点である。私は、一九六〇年から二〇〇一年までの暴力事犯（強盗、傷害、暴行等）の長期的趨勢を分析したことがあるが、驚くことに、社会の治安に対して急激に不安が高まった一九九〇年代半ばが、最も発生率が低くなっていた。「治安が悪化している」というキャンペーンはずいぶん以前から繰り返されてきているが、むしろ、「われわれの社会は、以前に比べてはるかに犯罪被害に敏感な社会になってきている」のである（広田 二〇〇三b、一六頁）。

そもそも、「現代は道徳が乱れてしまっている」という言説も、菅原光が論じているとおり、いつの時代も繰り返されてきたものにすぎない（菅原 二〇〇四）。彼は、道徳の頽廃を憂う江戸時代の儒者の言（会沢正志斎）を紹介するとともに、明治期の言論界が「『道徳の混乱』や『道義の退廃』と称される事態を問題にし、これを痛嘆する声は、その政治的立場や思想的系譜の相違を問わず、極めて多くの論者によって発せられていた」と述べる坂本多加雄の言（『市場・道徳・秩序』）を引きつつ、「さらに後の時代にもあてはまる」という。さらに菅原は、大正期の日本を憂えた和辻哲郎や軍紀の頽廃を憂えた戦中期に関する議論を示し、「戦後の物資不足、敗戦の混乱の中でも事態は同様であったし、現代の状況については周知の通りである」と述べている。

いつの時代でも、社会の問題を「道徳の頽廃」に求める議論は繰り返されてきた。菅原は、徳育などよりも社会を改善する制度・政策を重視した荻生徂徠と伊藤博文の例をあげながら、「特別に『道徳心』のある人ばかりがいる社会でなくても、人々がそれなりに幸せな日常生活を坦々と送れるような社会システムを確立することの方が重要ではないか」（菅原、二五頁）と論じている。

実は、先にふれた戦後「啓蒙」の側が主目標にしてきたのは、まさにそうした「社会を改善する制度・政策」の実現であったのではないだろうか。戦災孤児や浮浪少年の犯罪に対して求められたのは、彼らに「道義心」を注入することなどではなく、保護やケアの充実であった。一九六〇年代における若年成人の犯罪の多発に対して求められたのは、都市に流入した勤労青少年がおかれた労働環境のひどさや文化環境の貧困を改善することであった。非行や犯罪を含めたさまざまな社会問題は、「道徳の頽廃」に由来するのではなく、貧困や差別の残存、教育的環境の不遇、「前近代的な」社会関係や社会集団の影響などに、その原因が求められた。改善されるべきは「個人」ではなく「社会」のほうであった。保守派が戦後一貫して、社会のさまざまな問題を「私」の放逸のせいにしてきたとすると、戦後「啓蒙」派は、社会的条件の悪さや後進性、制度・政策の不足などが個々人を非行や犯罪に追い込むのだというふうに認識していた。

しかし、一九七〇年代を境に、大きな転換が生じた。日本社会の遅れや歪みを強調してきた戦後「啓蒙」派そのものが衰退していくとともに、階級差・地域差などの明確な境界線が見えにくくなっていった。「誰が構造的に生み出された弱者なのか」が不明確になっていったのである。「階級」「階層」といった語は、かえって差別感を醸成するというふうな理屈でメディアに登場することがまれになった。「農村の文化的遅れ」とか、「後進的な家族関係」といった言葉も耳にすることはなくなった。

特定の個々人がおかれた、不利な社会的条件や格差構造がなくなったわけではない。たとえば、絶対的な貧困はほとんどなくなったものの、子育て環境の経済的・文化的格差や、社会的成功を左右する教育・文化環境の格差は、依然として存在している。「失敗」は依然として構造的に不利な層に偏って生み出されている。しかし、それは〈個人化された社会〉(ベック 一九九八)に移行する中で、〈私〉的なものとして経験され、周囲からもそのように認知されるようになってしまってきている。いわば、個々人が位置する座標を測定する座標軸が見えにくくなってしまったのだ。それは、社会から「問題」とまなざされる個人の行動を、〈私〉の発露としてのみ把握してしまう視線を作り出した。

かつての戦後「啓蒙」派に代わって、今や左翼的勢力を担うことになったリベラル派は、人権や「子どもの権利」などを基礎に据えて、不遇な状況におかれた個人の社会的条件の悪さや制度・政策の不足を改善する努力をあらためて求めている（たとえば、日本弁護士連合会など）。条件の改善や格差の是正にとっては、それは有効であるといえる。しかしながら、その場合には、かつての戦後「啓蒙」派とは異なる大きな難点がある。非行や犯罪など逸脱する個人を社会的な要因でうまく説明する枠組み――どのような構造的条件が個人を逸脱させた（る）のか――をもたないのである。

犯罪や非行を犯した者の生育歴は、もはや構造的な社会改善の手がかりとは無縁な、単なる好奇心のみに満ちて語られている。彼らの「心」は、過去のさまざまな社会環境の帰結としてではなく、今後の操作と改善の対象として、まなざされている。心理主義的な視線の蔓延は、行為の責任も改善の方向も、ともに当人の内部に閉じ込める機能を果たしている。

かくして、保守派もリベラル派も、問題の所在を〈私〉に求める社会になった。このようにみてくると近年の社会全体に〈私〉への敵意が高まってきたことの理由の一つは、「〈私〉の放縦」という昔からある図式に対抗する、社会的な改善を議論する枠組みのほうが消失してしまったことにあるのではないだろうか。座標軸がなくなっているのは、非行や犯罪を起こした者以上に、彼らをまなざすわれわれのほうなのかもしれない。犯罪や非行を犯した者を世界のどこに位置づければよいかがわからなくなっているのだ。

ともあれ、〈公〉の過剰な介入の危険性におびえる社会から、〈私〉の放縦の可能性におびえる社会になってしまったということを論じてきた。

C　境界線の変容3――「公」と「私」の区分の揺らぎ（「公／私」をめぐるもの③）

「公」と「私」、それぞれに対する意識が変わってきたのをおそらく反映して、「公」と「私」を区分してきた境界線もまた揺らいできている。境界線が大きく変容しつつあるのは、「私」領域への行政の関与が進んできている点である。行政による「私」領域への踏み込みは、教育や福祉など、さまざまな場面で進んでいるが、事態を典型的に示しているのが、警察行政にみる近年の変容である。それは、治安警察から生活安全警察へという、大きな方向転換である。

一九八〇年代半ばに田村正博が書いた論文は、警察権に大きな限定を設定してきた従来の枠組みを批判して、「国民の権利と自由の擁護者としての警察」論を打ち出し、警察行政の転機になった（田村一九八八）。それは、警察は「警察消極目的の原則」から踏み出して、より積極的な活動をするべきだとする議論だった。こうした流れを受けて、それまでの「公共の安全と秩序の維持」という限定された範囲から、「個人の生命・身体・財産の保護」をめざした積極的な警察活動へという転換が一九八〇年代末に起きてきた。一九九四年には、そのような理念で警察法の大改正が行われ、警察庁に生活安全局が設置されたり、同様に都道府県警察に生活安全部が設置されるなど、市民の日常生活をポジティヴに組み立てるという目的で警察行政の動きが活発化してくる。

この動きにあわせて、「生活安全条例」が全国で作られるようになる。東京都の例では、「東京都安全・安心まちづくり条例」が二〇〇三年一〇月に施行され、犯罪防止のために、地域における犯罪情報提供の積極化であるとか、防犯ボランティアに対する助言等の支援といったような形で、警察が市民生活に積極的に関わるようになってきた。

警察行政の動向に対して、個人の私的な生活領域が警察の情報収集・監視の下におかれるという批判も出ているが、ともかくそのような方向で行政が制度化され、生活の領域に「公」が関与する動きが進んでいる（こうした警察行政の動きについては、田島泰彦他 二〇〇三、白藤博行 二〇〇三、等を参照）。先述した田村は、一九九八年には次のように書くに至っている。「警察は今日、国民から権利・自由の擁護者として期待・評価されている。それは、『人権』というものが、従来は国家対個人の関係でとらえられていたのに対し、今日では、国民相互間の侵害という関係を含めたものとしてとらえられていることによるものである」（田村 一九九八、一三三頁）。

こうした警察行政にかぎらず、旧来「私」領域とされてきたものへの行政による介入は、近年急速に進んでいる。たとえば、「児童虐待の防止等に関する法律」（二〇〇〇年）、「ストーカー行為等の規制等に関する法律（ストーカー規制法）」（二〇〇〇年）、「配偶者からの暴力の防止及び被害者の保護に関する法律」（DV防止法：二〇〇一年）、「健康増進法」（二〇〇二年）などのような立法化が進んでいる。それぞれの法の内容がよいか悪いかの判断は別にして、行政の関与の拡大によって、「公」と「私」の関係は、今、大きく変動しているのである。

D　境界線の変容4――進むグローバル化（「国内／国際」をめぐるもの）

現代において政治的境界線のあり方を大きく変容させているもう一つの領域が、急速に進みつつあるグローバル化の動きである。山崎のいうように、「国内／国際」の関係は急速に変貌しつつある。グローバル化については、第6章であらためて論じるので、ここでは、戦後の変化を簡単に整理するにとどめる。

一九八〇年代までの日本は、㈰国家が強力な規制と介入を行なうことで、「国際的な比較生産原理をおそらく全く無視し」（寺西 二〇〇三、二七九頁）て不採算部門も保護しながら、いわゆるフル・セット型産業構造を作ってきた、㈪原材料を輸入して製品加工して輸出する製造業は、ほとんどが国内資本で、繊維→鉄鋼・造船→自動車・家電と主力商品を変化させながら、基本的には好調な輸出を堅持してきた、㈫好況期の労働力不足の時期においても外国人労働者の受入れ策をとらず、国内労働力で需要をまかなってきた。日本や台頭しつつあったＮＩＥｓからの安価な製品におされて、欧米では産業の空洞化が進んだり、増加する外国人移住者によってマイノリティ問題が噴出し始めていたりした時期に、日本はまだ「国民経済」と「日本に住む人＝日本民族＝日本人」という枠内で、おおむね物事が処理されていた。欧米がグローバル化の問題に直面しつつあった時期に、日本はグローバル化をあまり気にせずに済んでいたのである。

ところが一九八五年のプラザ合意以降、グローバル化の経済的圧力が次第に及ぶようになった。バブル経済がはじけた一九九〇年代初頭以降は、そうした危機感は強まっていき、不採算部門の産業の整理や縮小、「日本的経営」と呼ばれる経営・雇用慣行を見直す動きなどが強まった。また、九〇年代半ば以降のＩＴ化が進む中で、資本や情報の移動の爆発的な増加が始まり、資本の海外移転やアジア諸国からの工業製品の輸入も増加し、グローバル化への対応が加速していった。同時に、八〇年代末の好況期以降の日系ブラジル人の受け入れを皮切りに、九〇年に入国管理法が改正され、外国人労働者を受け入れる方向に徐々に進み、留学生の受け入れ・送り出しも活発化し、人の移動もかつてないほどの規模になってきた。一九七〇年にはわずか五五四六件だった国際結婚（夫妻の一方が外国籍）は、二〇〇二年には三五八七九件に増加し、婚姻件数全体に占める比率も、七〇年の〇・五四パーセントから、二〇〇二年には四・七パーセントに達している（数字は、厚生労働省 http://www.mhlw.go.jp/toukei/saikin/hw/jinkou/suii02/marr2.html による）。

「21世紀日本の構想」懇談会の報告書（二〇〇〇年）では、「国内を民族的にも多様化していくことは、日本の知的創造力の幅を広げ、社会の活力と国際競争力を高めることにもなりうる」「多くの外国人が普通に、快適に日本で暮らせる総合的な環境を作ることが不可避である」といった視点が盛り込まれたし（河合 二〇〇〇）、厚生労働省の外国人雇用問題研究会報告書（二〇〇二年）では、経済社会の活性化のために高度な知識技術人材の積極的な受け入れや、不足する労働力部門への外国人労働者の受け入れなどが検討されている。厚生労働省の外国人雇用対策課長の勝田智明は、「これまで、移民を含めて、長期に外国人労働者およびその家族が在留し、生活することを念頭に置いて制度を構築してこなかったわが国においては、言語、教育、文化、参政権等の諸問題について、あるいは日本国民と外国人労働者およびその家族のアイデンティティについてどのように考え、どのように対応するのかという基本的な権利および義務等の問題から検討することが必要になってきており、これらの点について国民的な議論を経てコンセンサスを形成する必要がある」と述べている（勝田 二〇〇三、四三頁）。

一方では、日本国内の「グローバル化対応」が、新たな政治的課題として浮上してきているとすると、もう一方では、アジア諸国への工場移転の増加や水平的分業の進展などを背景に、一国を超えた経済的枠組みを政治的にどう作り出していくのかが問われるようになってきている*。一九九七年のタイのバーツ下落を契機に起きたアジア経済危機を教訓として、ASEAN諸国と日本・中国・韓国の間での経済的な相互依存体制の枠組み作りが進んでいるのは、その一つのあらわれである（第6章参照）。

*――製造業を対象にした内閣府のアンケート調査では、海外現地生産を行なう企業は一九八九年度の三六・〇パーセントから二〇〇一年度には五九・四パーセントへと上昇している（『労働経済白書』平成一五年版、一四六頁）。

旧来の国民国家の枠内で考えられていた諸問題が、グローバル化の中で、より広いものへと変わって行きつつあるのは確かである。外部の「他者」との関係がたちまち国内の政治や経済に関わりをもつようになるとともに、内部の「他者」の処遇を本格的に議論しないといけない時代になっている。「国民」の明瞭な輪郭を自明視し、まなざしを「国境」の内側に閉ざしていればよい、そういう時代は終わったわけである。とはいえ、そこには、多くの対立する選択肢がある。その中で、「国家」の単位を再強化し、「国民共同体」という人為的なフィクションで連帯と活力を作り出そうというのが、次に議論する「国民共同体」論者たちである。

3　国民共同体論

「〈市民社会〉の公共性」と「国民共同体」論

「公共性」をめぐる近年の言説を分析・考察した齋藤純一によれば、一九九〇年代に、まったく性格を異にする二種類の「公共性」がせり上がってきたという。そのうちの一つが、坂本多加雄や小林よしのり・佐伯啓思らに代表されるような、「公共性」を「国民共同体」と同義のものとしてとらえる思潮である。彼らのいう「公共性」とは、権力装置としての国家ではなく、共同体的なまとまりとしての「国民共同体」である。

齋藤純一は、「国民共同体」論に関して、「この公共性論は、強固な国民的アイデンティティによって支えられる『われわれ』の共同体を再興することに関心をいだいている」（齋藤 二〇〇二、一〇五頁）としたうえで、以下の三つの基本的な特徴があると指摘する。

㈰「公共性の喪失」という視点で戦後の日本社会を捉えていること。
㈪公共的な事柄を国民国家の事柄の意に解していること。
㈫国境の中に閉ざされた「公共性」であること。

「国民共同体」論者は、今の日本社会を、「私的利益の追求のみ関心をもつ個人主義＝私生活主義が蔓延した社会、公的な尺度によって自らの行動を律するという原理を完全に喪失した社会、『公共の事柄』に関心を持つ市民＝公民が不在の社会」とみる。そして、国民共同体を唯一の本質的な共同体とみなし、そこでは「国民の誇り」や「国益」が重視される、というのである。

補足として齋藤が指摘する、二つの点にも留意しておきたい。

第一点は、「国民共同体」論は、後述する「〈市民社会〉の公共性」論と区別されるだけでなく、「国家が担うべき公共性（公共的価値）を積極的に再定義しようとする立場からも区別される」（齋藤二〇〇二、一〇四頁）ということである。

齋藤のいう、「国家が担うべき公共性（公共的価値）を積極的に再定義しようとする立場」というのは、いわば、国民一人ひとりの生活の保障やさまざまな自由の保障などを「国民に対する責任」として引き受ける国家の機能に、国家の公共的性格を求める立場ということができよう。「国民共同体」論者はむしろ、社会保障や教育への国家の財政支出を削減し、市場原理や自己責任によって代替させようとしているから、このような立場とはある意味で対照的な地点にいる。

第二点は、「国民共同体」論による米国の共同体主義（コミュニタリアニズム）の援用の仕方には、ある種の逸脱があるということである。「国民共同体」論者の中には、米国の共同体主義の政治理論を援用して自説を展開する者がいるのだが、米国の共同体主義の議論では「『共通善』はあくまでも非国家的な領域に多元的に存在する」と想定されている点に大きな違いがある。「共同体主義にとっては、国民国家のレベルで『共通善』が積極的に定義されるとすれば、それはむしろ、共同体の多元性をおびやかす潜在的な脅威と見なされるだろう」（齋藤 二〇〇二、一〇五〜一〇六頁）と齋藤は述べる。

「国民共同体」論の公共性観とは

「国民共同体」論の公共性観は、どういう論理で自らを正当化しているのだろうか。ここでは、その立場に立っていると位置づけられる佐伯啓思の議論を検討してみよう。

佐伯の議論の重要なポイントは、市民相互の自由な活動に任せると、個々の利害の対立に終始してしまい公共性が成立しない、とみる点にある。「たしかに近代的な市民社会は展開してきた。だが、ある意味では逆説的なのだが、その中で『公共性』というものが定義しにくくなってきているということだ。民主主義の中で民主主義を支えるものが『公共性』であるはずなのだが、現代の民主主義は、さまざまな抑圧されたマイノリティ・グループあるいは被害者イデオロギーの意識によって分断されている。そうすると、そこから出てくるのは『公共性』ではなく、それぞれ自分の利益を政治的権利として主張し、それを政治的に実現していくための戦い、争いということになってしまう。ここでは、民主主義を支えるはずの『公共性』が定義できない」（佐伯 二〇〇二、一五六頁）。

そのうえで、現代リベラリズムが公共性の根幹に位置づける、自由な言論や討論の保証には信頼を置かず、代わって全体の統括者として国家を位置づける。「仮に『国家』をはずして『市民社会』の中で『公共性』を定義しようとすると、どうしても『私』から出発するので、全体の利益・関心とはならない。そこで、事項の内容ではなく、ある部分的な関心・利益を調整する制度的なメカニズム、自由な言論や討論を保証するメカニズムそのものを公共性という他ないが、この形式的合理性に基づく制度的条件ではやはり『公共性』としては力が弱い。討論が保証されたからといって共通の問題意識や理解が形成されるとは限らないからだ」（佐伯 二〇〇二、一五七頁）。「そうすると問題は、私なりに言うと、『国家』と『公共性』は先程言ったように、同じではないのだが、『国家』というものを背景に置いて、『国家を支える市民』を置く以外にない。つまり『公共性』は『私』である個々人と、集合的な国家をつなぐものであり、その具体的な主体を『国家を背負った市民』と考えたい。そうしないと『公共性』を定義出来ないだろうということである」（佐伯 二〇〇二、一五七頁）。

要するに、佐伯の議論は、プラグマティックなレベルで、もう一度観念としての「国民共同体」を創造・共有することによって、「（国民）共同体を支える市民」として「公共性」を新しく組み立て直そうという話である。その議論の延長でいえば、市民の主体性は、「共同体＝国家」の一員としての主体性であり、そうした国民共同体に同一化した市民を作るために学校という装置を利用するということになる。

教育基本法改正派の「公共観」は「国民共同体」論と同じ

このように考察したうえで、中教審答申をはじめとする教育基本法改正論の「公共性」観を見てみると、その性格がどのようなものかがわかる。教育基本法見直しを呈示した、小渕首相（当時）の私的諮問機関「教育改革国民会議」の報告、および二〇〇三年三月の中教審答申には、既に述べたように、「国を愛する心」や「歴史・伝統の尊重」、あるいは「新しい公共」といったものを強調して国民的アイデンティティを新たに形成し、これに国民を帰属させようとする動きが見られる。それは、「国民共同体＝公共性」とみなすような「公共性」観に立っていることは疑いようがない*。

*――それと同時に、教育振興基本計画で想定されている市場化論は、もう一方で政府の「公共からの撤退」を意味している。

改正論者のスタンスは明確である。「国民」「国家」という境界線を、「日本人としての自覚」や「国を愛する心」で再強化し、社会秩序の安定化と国際競争とに対応していこうとする道である。『公共』の精神」とされるのは、「法や社会の規範の意義や役割について学び」「道徳心や倫理観、規範意識をはぐくん」だ個人が想定されていて、それは国民共同体の一員としての規範や価値を共有した、脱―政治的な社会性なのである。それはグローバル化に対しては一回レベルでの統合強化を、個人化――特に「私」の放逸――に対しては、国民共同体への「私」の吸い上げを企図している。地方分権や学校・家族・地域の緊密化、学校の自主性の拡大などの施策は、「国民共同体」のまとまりと矛盾するものではなく、むしろそれを草の根レベルから支えるものとして位置づけることができる。

このように、教育基本法改正の方向が含んでいるのは、本章で述べてきたような、「公／私」の境界線の引き直しの問題、「国内／国際」の変容への対応の問題に対する、像としての一貫性をもった

「解答」の一つである。山崎が描くような政治的なるものの変容は、事態を不透明化し、制御不能な個人や調停が難しい大小さまざまな紛争を生み出す——それを考えると、国家を単位とする共同体への帰属意識で束ねてしまおうとする図式はわかりやすく、また、不安におびえる生活保守主義者たちには安心感を与える像かもしれない。

とはいえ、そこには二つの大きな問題がある。

一つは、「日本人としての自覚」という語に端的に示されているように、多様なアイデンティティを承認し、多様な生の共約不可能性を理解するような、寛容さに欠けているということである。「国民共同体の『公共性』は、非—排除性（公開性）という点でも、非—等質性（複数性）という点でも公共性の条件を完全に欠いている」（齋藤 二〇〇二、一〇八頁）という点で、大きな問題をはらんでいる。たとえ、「国家至上主義や全体主義的なものになってはならない」（中教審答申）と但し書きがつけられたとしても、強制的同一化や排除・差別を構造的に作り出すものにはなるだろう。

もう一つは、長期的にみて、本当にそれがこれからの日本の教育や社会にとって望ましい解答なのか、という問題である。以下の二つの章では、別解の可能性をさぐりつつ、この問題を検討していくことにする。

第4章

学校・家庭・地域はどのような影響を受けるか

この章では、教育基本法がもし今の改正案にそって改正されたら、学校や家庭・地域でいったい何が起きるのかを考えてみたい。ただし、その前に、「心」は統治できるのか、という問題について考えておきたい。というのも、改正案のポイントの一つは子供たちの「心」に向けられていながら、改正推進論も反対論も、その困難さを十分に考えてきていないからである。むしろ「心」を教育することが簡単ではないということを前提にして、「何が起こるか」を考えていく必要があるように思われる。

1 「心」は統治できるのか

安易すぎる〝「心」の教育〟という考え方

「心」の教育が中教審の答申で示されたのは、一九九八年のことである。その前年には、神戸で中学三年生による児童連続殺傷事件が起きており、相次ぐ青少年の凶悪事件が社会的な問題とされるようになった。このような青少年の犯罪が起きるのは、学校で「心」の教育がなされていないことが原因の一つだとした橋本龍太郎首相（当時）の要請で、家庭でのしつけの重要性などとともに、答申に「心」の教育が盛り込まれたのである。

今回の教育基本法改正の動きでは、「心」の教育をさらに発展させて、さまざまな徳目で子供たちの内面を教育することがめざされている。しかし考えてみると、そもそも、「心」の教育などというものが可能なのだろうかという疑問が湧く。そのようなことを法律に書き込んだからといって、子供たちの「心」がすぐに変わるなどとは到底思えない。一般に、教育においては、知識を伝達することは比較的容易で、また、伝達されたか否かを確認することも可能である。それに対して、「心」や「態度」を教育のターゲットにすると、働きかけも難しいし、効果の測定もおぼつかない。

もしも「心」の教育が行なわれたとして、それが十全に機能する場合というのは、おそらく次のような場合だろう。

(日) 被教育者が教育者にパーソナルな関係であらかじめ心酔する場合

被教育者が教育者の人格に強い尊敬の念を抱き、かつ両者の関係が密接であるなど、いくつかの条件が必要で、ケースとしては稀である。

(月) 情報が全面的にコントロールされる場合

カルト的な集団や宗教団体で見られるマインド・コントロールは、主としてこの手法によるものである。何かを考える時に、考える材料としてあらかじめ特定の情報しか与えられていない場合に可能となる。

(日)はかつての私塾や芸道の世界には見られるし、カリスマ的な教員やきわめてユニークな実践で知られるような学校なら、現代においても可能かもしれない。しかしながら、ごく普通の力量の数十万人の教員と数百万人に及ぶ雑多な子供たちが構成する現代の学校では、このような関係を期待したモデルを構想するのは無理である。(月)は、そもそも自由社会の原理に反しているし、情報が多元的に存在し、子供たちの学校への関与が部分的なものであるだけに、公教育のモデルにはなりえない。

以上の二種類の場合とは違う条件で「心」の教育を行なおうとする場合は、せいぜい、一部分の被教育者への一定程度の深さと浅さ（人によって異なる）をもった影響にとどまるにすぎない。現代の教育問題・青少年問題の多く——いじめ、不登校、学級崩壊、非行等——は、学校的秩序になじまない青少年や、そうした秩序とは無縁な世界の方にコミットする青少年たちによって生まれているのだから、「大人たちが最も教育したいと思っている種類の青少年は、既存の教育関係に最も乗ってこない存在である」ということがいえる。大人たちが一番教育したい青少年ほど、「心」の教育なんかには影響を受けないのである。

少年たちを長期間にわたって二四時間収容し、反省・自省や自立に向けたさまざまなプログラムをもち、熱心な職員が指導に当たる少年院――日本のそれは比較的成果をあげているとは思うのだが――ですら、少年たちに与える持続的な影響は限定的なものである。ましてや、ごく限られた時間に、大勢に交じって教育を受けるにすぎない学校で、さまざまな逸脱可能性をもった子供たちがあまねく馴致されるようなことは、想像のしようがない。だから、教育基本法を改正して徳目を盛り込むことで、青少年の逸脱やさまざまな問題を解決できると考える改正論者の期待は、おそらく外れることになるだろう。

「道徳教育で解決」は幻想

教育基本法改正論者は、その意味で、「教育の力」を過剰に信じている人たちだといえる。彼らの議論は実に乱暴である。たとえば、町村信孝・文部科学大臣（当時）が、二〇〇一年二月の報道陣との懇談の中で、「不登校は、戦後教育の欠陥だと思う。はき違えた個性の尊重やはき違えた自由、子どもの権利の行き過ぎが不登校を生んだ。そうならないようにするために道徳を行う」と述べている（『日本経済新聞』二〇〇一年二月三日）。道徳教育を行なえば不登校がなくなるというのは、教育学的には、これはまったく根拠のない議論である。皮肉な言い方をすれば、政治家のスキャンダルから青少年問題、環境問題まで、世の中のあらゆる問題の「原因」を道徳教育の欠如に求める議論は可能である。しかし、それは個々の問題の固有の性質を吟味し、有効な対策を選択する慎重さに欠けた暴論である。道徳教育ですべてを解決しようとするのは、教育に無限の力を期待する向こう見ずな「教育万能主義」的発想による幻想にすぎない（広田 二〇〇三a、同 二〇〇五a）。むしろ、不登校にせよ、非行にせよ、簡単にはなくすことはできないけれども、原因や対処法をていねいに考察し、彼らの受け皿を作ったり、学力保障や進路保障の手立てを論じるなど、具体的な手段を採用していくことのほうがよほど有効だろう。

改正反対論者が盛んに喧伝する「愛国心刷り込まれ論」にも、同様の錯誤があることがわかる。もし「国を愛する心」が教育基本法に盛り込まれたとしても、だからといってすべての子供たちがすぐにナショナリストになるわけではないだろう。第1章でも簡単にふれたが、今回の改正によって教育基本法に盛り込まれようとしている徳目の多くは、実はすでに学習指導要領に盛り込まれ、子供たちに教える努力が実質的になされてきている。にもかかわらず、そんな徳目や価値は、青少年には簡単には伝わっていないのだ。

「宗教的情操教育」の困難さ

二つの例をあげてもう少し議論を進めておきたい。一つは、今回の改正問題で盛り込まれようとしている「宗教的情操」について論じた、柴田康正の論文（柴田 二〇〇四）を紹介してみよう。彼によれば、「生命に対する畏敬の念」は、すでに久しく教育の場に組み込まれてきている。

柴田は、「期待される人間像」（一九六六年）で登場した「生命に対する畏敬の念」という言葉が、その後の教育行政でどのように使われていったかをたどっている。「期待される人間像」では、「日本人として期待されるもの」のひとつが、「生命の根源に対して畏敬の念をもつ」ことであって、「生命の根源すなわち聖なるものに対する畏敬の念が真の宗教的情操」であるとし、「人間の尊厳と愛」も「深い感謝の念」も「真の幸福」もそれに基づくとされた。

このような文言が中学の学習指導要領に盛り込まれるようになったのは一九六九年度版のことで、その説明の中には、「自然を愛し、美しいものにあこがれ、人間の力を越えたものを感じ取ることのできる心情を養うこと」と記述されている。さらに一九七七年度版では、「人間の力を超えたものに対して畏敬の念をもつように努める」と、ひとつの徳目として格上げされた。ここでは、「期待される人間像」で使用された「畏敬の念」という言葉が再び現れ、また、一九六九年度版の「越えた」という表記が「超えた」という、超越性を強めた語句に変わっている。一九八九年度版の指導要領になると、「一、自己自身に関すること。二、他人とのかかわりに関すること。三、自然や崇高なものとのかかわりに関すること。四、集団や社会に関すること」という道徳教育の四つの視点の三つめの視点、「自然や崇高なものとのかかわり」の中で、「人間の力を超えたものに対する畏敬の念を深めるようにする」と書かれ、道徳教育の重要点とされるまでとなった。さらに一九九八年度版の指導要領では、「教育課程編成の一般方針」の中に道徳教育が位置づけられるようになり、「生命に対する畏敬の念に根ざした人間尊重の精神を培う」という記述に見られるように、「生命に対する畏敬の念」は「人間尊重の精神」と並列的に記されるようになった。

このように、「生命に対する畏敬の念」は、今回の教育基本法改正問題よりはるか前、一九六六年の「期待される人間像」に始まり、一九九八年の改訂までの間に、学習指導要領のなかで次第に重点化され、位置づけを上げてきた。すでに、こういう理念での教育は実施されてきているのである。

「しかし重要視している割には、これまでこの指導は教育現場ではうまくいっていないのが現実である」と、柴田はいう。地球に帰還した宇宙飛行士を扱った「不思議な光景」と、ヨットで太平洋を横断した記録「走れコラーサ号」との、二つの教材の例をあげながら、柴田は、「最初に主題ありきで展開されていて、子どもにとって読み方を押しつけられる印象を受けるであろう。こうしてみると、『生命に対する畏敬の念』の指導というものは、観念的で押しつけの代表ともいえる授業である」（柴田、四九頁）と論じている。柴田自身は、旧来の教材に比べて近年の『心のノート』はよくできており、そのぶん警戒が必要だ、というふうに主張しているけれども、それはともかく、「生命に対する畏敬の念」は、教えようとしてもなかなかうまく教えられるたぐいのものではないのは明らかである。

軍隊における精神教育の不振

精神を教育することの難しさという点でもう一つ例を紹介する。戦前期の兵営という、閉鎖的で濃密な教育空間における精神教育の実相について、私が行なった研究である（広田 一九九七）。戦前期陸軍の精神教育に関する史料をみていくと、軍隊内での立ち居振る舞いを習得させるものから「世界観」を伝達しようとするもの（「軍人精神の涵養」）へと転換した明治末以降は、精神教育が思うような成果をあげていないという言説が軍内に山のように登場し、同工異曲の「改善策」の提案が繰り返されていた。

兵卒の教育に携わる将校たちによる改善案は、もっぱら次の三つの方法に終始した。(日)精神訓話を繰り返したり、軍人勅諭を理解させて、軍人精神や国体観念を直接教え込もうとするもの、(月)教育者たる将校が自己修養することでパーソナルな情誼関係を足場に感化しようとするもの、(火)厳しい教練や内務生活の統制による身体訓練や監視の徹底で、兵卒の精神を改造しようとするもの、の三つである。

しかしながら、いずれのやり方でも、効果には限界があり、言説の空転や実践の形骸化（儀礼化）が生じた。精神教育の改善策として、それまでのものと同型の提案が延々と繰り返されたこと自体が、はかばかしい成果があがらなかったことを物語っている。現役期間が終了して兵卒たちが除隊すると、精神教育の効果は速やかに消え去ってしまう、という嘆きも表明されていた。ここでポイントになるのは、さまざまな形で工夫された精神教育の試みが、兵卒たちに「何かを考えさせないこと」まではできたが、「〈何かを考えさせること〉をすべての兵卒に貫徹することはできなかった」（広田 一九九七、三〇〇頁）ということである。

教育基本法に徳目を書き込めば、それによってすべての子供たちがその徳目を内面化するわけではない。学習指導要領に書き込んでも、あるいは教材の形に具体化してみても、同様である。熱意をもった教員が自分なりに工夫して教えてみても、「心」や「態度」をターゲットにした教育は、子供たち一人ひとりに対して、思うような効果をあげるものではない。

道徳教育の徹底がすべてを解決しうるかのような改正論者の議論は、脳天気な夢想である。洗脳社会がすぐにもやってくるかのように憂慮する反対論者の議論は、心配性の悪夢である。「国を愛する心」をはじめとするさまざまな徳目が教育基本法に盛り込まれた場合に起きるであろうことは、もっと微妙で複雑な事態であるように思われる。後で述べるように、人の心への価値や徳目の「刷り込み」は、決して思うような成果をあげないからこそ、同調圧力や監視の網の目が、わずらわしいぐらい配備されていく結果になりかねないのだ。

2　学校におよぼす問題点

二つのシナリオ

近年の教育改革の流れは、地方分権を推し進めるとともに校長のリーダーシップを強化することで学校の自由度を高め、特色のあるカリキュラムを作っていこうという趨勢にある。それまでにはなかったような多様性や自主性を教育現場で発揮させていこうとする考え方である。ところが、そうした流れの中で、「日の丸・君が代」の実施や、国定『心のノート』の配布などの部分だけは、一律に教育現場を拘束するような動きであり、ある種、「異様な突出」であるといえる。

公立学校の改革で特色のある学校作りをしたいのであれば、自由な卒業式で生徒の自主性を尊重するリベラルな学校であるとか、「国を愛する心」などからかけはなれたコスモポリタン的な学校などがどんどんできていってもよいはずである。しかるに、多様性や自由化という理念とは矛盾するような、行政による厳格な現場統制と監視が特定の部分で進んでいるのは、木にむりやり竹を接ぐようなもので、まったく条理に合わない話である。

もし、教育基本法が、中教審答申のような方向で改正され、「国を愛する心」などが第一条に盛り込まれていった場合、いったい教育の現場はどうなるであろうか。

二つの両極端のシナリオが考えられる。

一つは、「何も大きな変化はない」というものである。現行の教育基本法は理念法的な性格が強いのだから、新しい教育基本法ができても、その性格をそのまま引き継いで、依然として理念法として存在するという可能性があるかもしれない。その場合、旧来の諸理念の中に割り込んで追加された「国を愛する心」などの諸徳目がすぐに学校現場をしばるようなことはないだろう。学習指導要領の中には、今回の改正論で高唱された諸徳目はすでに入れられてしまっているので、カリキュラムや教科書に大きな変化は生じない。新しく改正された教育基本法が、さまざまな教育法規の解釈や運用に影響を及ぼすにしても、抽象的な教育理念が日々の実践にダイレクトに反映する、というよりも、教育に関わる制度がどう作られどう機能するかという点で、制度の目的や編成原理をめぐる議論の中に反映することになるのかもしれない。

もう一つの対極のシナリオは、第2章でふれた、「理念—制度—実践」が緊密につなげられていくという事態である。つまり、さまざまな改正点を具体的なカリキュラムに反映させ、現場のミクロな教育実践をコントロールしたりチェックしたりすることの論拠に使われ、日々の教育実践の「質」をチェックする基準になっていくような、そういうシナリオである。その場合、教育実践の自律性や自由度に関して、きわめて憂鬱な事態が生じることになる。理念法としてではなく実定法的に教育基本法が運用される場合には、現在、第十条で歯止めがかかっている教育内容の統制というタガがはずれて、とめどなく行政のコントロールが教育現場を縛ることになりかねないのである。

もちろん、この二つのシナリオは、固定的なものではない。教育基本法が改正されてしばらくは第一のシナリオで進み、何かの契機を境に第二のシナリオの事態に動くとか、第二のシナリオを主調としながらも、実際には教育現場からの抵抗などにより教育実践の自由度や自律性が確保され続けるとか、全国一律ではなく、特定の自治体においてのみ突出した事態が生じるとか、というふうに、いろいろな可能性が考えられる。

「不当な支配」をめぐる問題

二つのシナリオのうちの後者の可能性について、気になる点が二つある。一つは、「不当な支配」

を排除した現行教育基本法第十条が変更されようとしている問題である（この問題については、大内二〇〇四が詳しい）。

現行の教育基本法第十条第一項では、「教育は、不当な支配に服することなく、国民全体に対し直接に責任を負つて行われるべきものである」と定められている。この「不当な支配」が、教育内容への行政の介入にも適用されるかどうかについて、さまざまな教育裁判をとおして議論がなされてきた。

この問題についての最高裁の判断は、北海道学力テスト事件の最高裁判決（一九七六年）にみることができる。その判決文では、「法律は、当然に、公教育における教育の内容及び方法についても包括的にこれを定めることができ、また、教育行政機関も、法律の授権に基づく限り、広くこれらの事項について決定権限を有する」という主張も、「権力主体としての国の子どもの教育に対するかかわり合いは、右のような国民の教育義務の遂行を側面から助成するための諸条件の整備に限られ、子どもの教育の内容及び方法については、国は原則として介入権能をもたず、教育は、その実施にあたる教師が、その教育専門家としての立場から、国民全体に対して教育的、文化的責任を負うような形で、その内容及び方法を決定、遂行すべきものであ」るとする主張も、ともに「二つの極端に対立する見解」として斥ける。つまり、教育内容・方法に関して国家が全面的に決定しうるという見解も、国家の介入を全面的に斥けるという見解も、ともに否定されている。

そして、「国は、国政の一部として広く適切な教育政策を樹立、実施すべく、また、しうる者として、憲法上は、あるいは子ども自身の利益の擁護のため、あるいは子どもの成長に対する社会公共の利益と関心にこたえるため、必要かつ相当と認められる範囲において、教育内容についてもこれを決定する権能を有するものと解さざるをえず、これを否定すべき理由ないし根拠は、どこにもみいだせないのである」とする一方で、「もとより、政党政治の下で多数決原理によつてされる国政上の意思決定は、さまざまな政治的観念や利害によつて支配されるべきでない教育にそのような政治的影響が深く入り込む危険があることを考えるときは、教育内容に対する右のごとき国家的介入についてはできるだけ抑制的であることが要請されるし、殊に個人の基本的自由を認め、その人格の独立を国政上尊重すべきものとしている憲法の下においては、子どもが自由かつ独立の人格として成長することを妨げるような国家的介入、例えば、誤つた知識や一方的な観念を子どもに植えつけるような内容の教育を施すことを強制するようなことは、憲法二六条、一三条の規定上からも許されない」というふうに、釘を刺している（鈴木・平原編 一九九八、六五六～六六〇頁から引用）。

結局、「教育に対する行政権力の不当、不要の介入は排除されるべきであるとしても、許容される目的のために必要かつ合理的と認められるそれは、たとえ教育の内容及び方法に関するものであつても、必ずしも同条の禁止するところではない」（同、一〇六四頁）というふうな線が示されている。判決文の例に漏れず、長ったらしくわかりにくい文章で、読者には申しわけないとは思ったが、微妙なニュアンスをご理解いただくために、そのまま掲げた。要は、できるだけ抑制的であることを条件に、教育内容及び方法に関する国の関与を認めた、ということである。逆にいうと、教育の場への国家的介入は無制限に許されるわけではない、ということも意味している。

伝習館高校事件を裁定した福岡地裁判決（一九七八年）など、他の教育裁判でも、学力テスト裁判最高裁判決をほぼ踏襲しており、教育行政機関の行為は、第十条第一項の「不当な支配」の適用を受けるが、一定限度内でのみ認められるという留保を付けた形で定着してきている。これまでの判例は、行政は内的事項（教育内容や方法）にまったく関わるべきでないという立場をとる人にとっては、必ずしも納得のいくものではないかもしれないが、にもかかわらず、教育内容や方法に関する行政権力の介入に対する歯止めが、第十条によって確認されてきたことの意味は大きいであろう。

ところが、文部科学省は、この留保を「行政は教育に関与できる」と一面的に解釈して、教育内容への介入を深めているのが現状である。国は、「支配の手続きが法律で認められた合法的なものであれば、……内容の正当性を推定せしめ不当な支配とはならない」、あるいは、「教育とは教育行政そのものである」として、行政の関与は「不当な支配」に当たらないという方針で臨んできているのである。

そして、今回の改正論議の中では、この解釈にそうような形で、現行法の条文が変えられようとしている。中教審の改正案では、第十条第一項の「教育は、不当な支配に服することなく」という文言中の「教育は」を「教育行政は」という語句に変えており、まったく違った意味合いをもたせようとしているのである。条文を「教育行政は、不当な支配に服することなく」とした場合、教育行政はもはや「不当な支配」の当事者たりえなくなる。先ほど「タガがはずれて」と書いたのは、この点である。これは、現行法の趣旨を大きく逸脱し、教育行政と教育現場との関係を変化させてしまう、重大な変更だといわざるをえない。

競争と評価による行政の介入

もう一つ、教育行政と教育現場の関係を考えるうえで気になるのは、近年の新自由主義的な改革――競争と評価の制度化――が、これまでとは異なる意味で、行政の無限定な介入を促進しかねない要素があるという点である。

小野方資が書いた論考で、この点について適切な指摘がなされているので、短く紹介しておきたい。

(改正によって規定される第十条による―広田)文科省の「責務」が、教育振興基本計画を通じて内的事項を管理し、教育振興基本計画の「達成度」に応じた予算配分の実施とされることにより、従来よりも強力かつ巧妙な管理が行われる。つまり外的事項の充実のために、教育振興基本計画に盛り込まれた内的事項に関する事柄の「達成度」を、いわば〈自主的〉に競わせることが可能となる。もしくは〈自主的〉に競わせた外観をしつらえることができる、この外観が文科省によって脅迫的に親、就学者や学校教育関係者へ利用されかねない(教育基本法研究会 二〇〇四、一五一頁)。

教育行政の過剰な介入に歯止めをかけてきた第十条の「不当な支配」という条項が事実上撤廃され

て、さまざまな徳目に関わる命令や指示など、内的事項への無制限な行政の介入が進むと同時に、教育振興基本計画には市場原理的な競争が盛り込まれることになる。両者が結びつくと、個々の学校や教師のパフォーマンスが競争的な「評価」という形を通して、外部から簡単にチェックされるようなシステムができあがる。それは、目的・過程・結果という、教育現場の活動の全側面が競争と評価の手続きをとおして全面的に統制される危険性をはらんでいる。

佐貫浩は、新自由主義的な学校経営論の論理構造を考察して、それが地方行政権力によるとめどない教育現場の管理・統制という事態を生みかねないことを適切に指摘している（佐貫 二〇〇三、一六一～一八七頁）。新自由主義的な学校経営論を佐貫は次の四点に整理する。㈰市場での親の選択、㈪（国家あるいは行政による）市場管理、㈫校長によるマネージメント、㈬住民への責任としての（地方）行政による学校計画の策定とその実施。そして、(a)分権改革によって教育行政権限が下位の自治体に移りつつあるものの、学校レベルにまで委譲される権限が小さい。その結果、「教育権限の自治体への委譲のもとで、いままで国が行なってきた統制的権限を『自主的』に引き受け、強化すらしているところが多く現れ、かえって学校がいままで以上に管理・統制される現象が生まれている」（一六九頁）。(b)地方行政権力が教育計画、学校改革計画を策定し、住民の選択権を保障するという名目のもとで、行政による計画設定と管理・評価（と財政的措置）が微細に行なわれていく。その結果、学校経営の方針、生徒評価のあり方、教職員の人事管理や指導計画・使用教材・教具に至るまで、さまざまな形で、個々の学校の教育内容に対する監視と許可を教育委員会や行政が行なうようになる。

(c)個々の学校レベルでは、マネジメントの論理が展開され、教員の仕事が、企業的な計画、実行、評価という目標管理の手法で数値的にコントロールされていく。それは一見すると統制ではなく自由市場の競争の導入にみえる。しかし、権威に対してひたすら従順な事大主義的な校長を生み出してきた体質と、行政による校長への厳しいチェックのために、その「競争」は行政が意図した方針をいかに先取り的に実施するかを争う競争となる。それは、結果的に、「すべての下位職員が自発的に忠誠を尽くす状態」を生み出すことになる。

計画立案─実行過程の管理─評価─資源や人事への反映、という一連の流れに、地方行政権力が直接・間接に深く関わることで、教育内容・方法のレベルまで徹底した統制が行きわたりかねないのである。

中国やロシアのように官僚制における上意下達がどこかのレベルで骨抜きになってしまうような国でならともかく、また、教育現場の自律性の承認が広く社会的合意を得ているようなフランスやイギリスのような国でならともかく、官僚制がそれなりに円滑に機能していて教育現場の自律性の必要が十分理解されてきていない日本では、新自由主義的な学校改革が行政による統制を過剰なものにしてしまう可能性は小さくない。

以上のように、第一に教育行政を「不当な支配」の主体（の可能性）からはずす動きは、国家や地方教育行政が、教育現場の教育内容及び方法に関して、これまでよりもはるかに踏み込んだ規制や統制を行なう危険性に道をひらくものである。第二に、市場原理による競争と、学校レベル・教員レベルでの評価システムの整備は、教育行政が学校や教員を個別に把握・指導していくルートの強化を生み出す可能性をもっている。その意味では、国全体として長い目でみた時に、先に述べた第二のシナリオに近い方向に進むことが考えられる。

「国を愛する教育」の失敗が招く〝悪循環〟

中教審の答申には、「国を愛する心を大切にすることや我が国の伝統・文化を理解し尊重することが、国家至上主義的考え方や全体主義的なものになってはならないことは言うまでもない」というように、慎重な留保がつけられていて、法改正がすぐさまウルトラナショナリズムの押しつけを招来するわけではない。さまざまな道徳規範も、決してすべての子供たちの心にすんなりと染みこむわけではない。本章第1節で述べたように、子供たちの内面を教育することで青少年問題を解決しようとする試みは、おそらく思うような成果があがらないはずである。しかし、心配されることは、むしろ、子供の内面を徹底して教育しようとする企図が失敗を重ねることから起きる、以下に述べるような悪循環・悪影響である。

A　愛国心教育の濃密化・日常化

第一に、失敗の繰り返しによる教育の濃密化・日常化である。子供たちの「心」に訴えかけようとする教育は、目に見える成果をあげることは難しいし、個々の子供の反応もまちまちなものでしかない。伝達される価値にコミットしない「周辺層」を常に生み出すことになる。それゆえ、ひとたび教育の目的をそこに据えると、教育効果を高めるべく、いろいろな手段や場を通して濃密な教育が組織されていくことが予想される。

図1は、「国を愛する」教育が行なわれた場合、種々の子供たちにどのような影響を与えるか、そのパターンを図示してみたものである。それぞれのグループの比率がどのぐらいになるのかは、さまざまな条件によって変動するはずである。中教審の答申が想定するような、穏健なナショナリズムを内面化する子供は一定数いるであろう。それとは別に、子供たちの中には、ナショナリズムをむしろ過剰に内面化してしまう者が登場してくる可能性がある。権威的な価値に過剰にコミットしてしまう子供である。もう一方で、「国民共同体」とは違う別の世界観・価値観をもっている子供たちにとっては、反発や抵抗を生み出すことにもなりやすい。思想や良心によって反発・抵抗するタイプと、学校的秩序全般に対する敵意から反発・抵抗するタイプの二種類があるだろう。――そのように、子供たちの反応は一律ではないのである。

図1　「国を愛する心」の教育

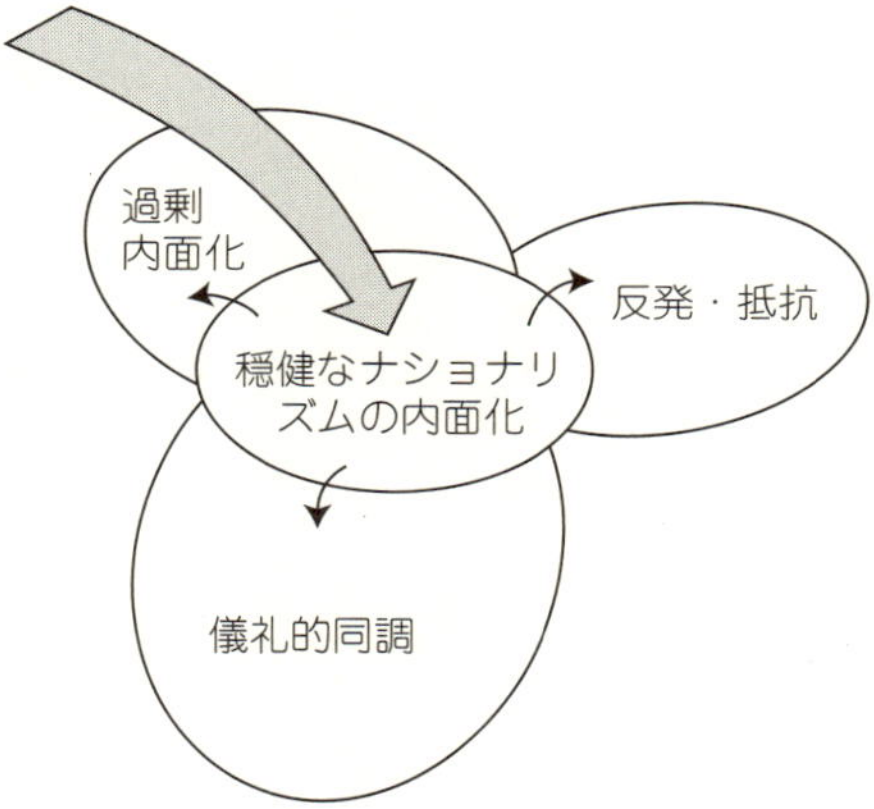

入学式や卒業式に「国を愛する心」を涵養するような

儀式や儀礼がもちこまれたとしても、おそらくナショナルな感情を喚起するという意味での教育効果は高いとはいえないだろう。問題はここからである。教育基本法第一条に書き込まれた「国を愛する心」は、多方面の教育内容や教育方法に具体化されていくことが可能だし、そうされるだけの正当性を帯びたものとされる。儀式レベルでの愛国心教育の効果の薄さは、「むしろ教科目の中に」という声を強めるかもしれない。それゆえ、国語や社会のような教科の中に入ってきて、教科書の編成がそのようなものになる可能性がある。あるいは、学校行事や特別活動のような教科外指導においても「普段から」と、もっと具体的なさまざまな「仕掛け」が入り込むことも考えられる。学習指導要領や教科書のように上から降りてくる場合もあるし、学校や校長の「自主的な取り組み」で下のレベルで組織される場合もあるだろう。いずれにせよ、知識や体験の形で多種多様に愛国心を喚起することを目的とした、種々の教育活動が組織されるようになりうるということである。

ごく限られた時間である入学式や卒業式は、それを受け入れたくない教員や生徒にとっては黙ってやり過ごすことがまだ可能だが、学校生活の多様なカリキュラムの中に埋め込まれていったとしたら、もはや逃げ場のない事態が生じかねないのだ。

〔国語〕

戦前期の入試問題の例をみていただこう。一九三二（昭和七）年の出題文である（野澤正吉他 一九三二）。

一、左の文について次の問に答えなさい。

(日)尚武教育に鍛はれたるスパルタ武士は(月)死を見ること帰するが如く(火)瓦となりて全からんよりも(水)玉となりて砕けんことを希ひ祖国の為に一命を捨つるを以て(木)無上の名誉とせり。

(日)尚武教育とはどんな教育をするのか

(月)死を見ること帰するが如しとはどんなことか

(火)瓦となりて全からんとはどんなことか

(水)玉となりて砕けんとはどんなことか

(木)無上の名誉とはどんなことか

（大分県立大分中学校）

〔国史科〕

一、次の書物にはどんなことが書いてあるか。著された年代順、著者。

大日本史。《ママ》神皇正統記、海国兵談。

二、次の三つのことのあつたとき、朝廷に仕へて大功のあつた人を知つてゐるだけお書きなさい。

大化改新、建武中興、明治維新

（京都府立第一高等女学校）

B　ミクロな身振り・行為が統御されていく回路の形成

第二に、「周辺層への教育の失敗→より濃密な教育→失敗→……」という悪循環は、教員や生徒の身振りや態度や行動といったミクロな行為が全面的に統御されていく回路に入り込んでしまう危険性をはらんでいる。「心」の統御は原理的に難しいから、教員や生徒の身振り・行為を子細に監視するシステムでそれに代える——その場合、消極的な抵抗はおろか、おどけたり、照れたりするような「役割距離」(E・ゴッフマン)の表明すら許さない、踏み込んだ指示とチェックがなされていく可能性である。これはあくまでも、現時点で推測できる可能性にすぎないが。

ここには二つの問題がある。一つは、新たに「生徒」がターゲットになる、ということである。いわば、個々の生徒の愛国心に関わる身振り・行為が、「教育」の名目で統御・管理されることになってしまいかねない、ということである。現在の愛国心に関わる規定は、学習指導要領に書き込まれているにすぎないため、指導にあたる教員に対して強制力をもつ(そこにも異論はあるのだが)にすぎない。生徒は強制の対象外なのである。しかしながら、教育基本法第一条に書き込まれることによって、生徒たちを、愛国心教育の成果を測り評価する対象に据えることが可能になる。「教育」の名の下で、日の丸に深く敬礼し、君が代を心を込めて斉唱することが求められ、国家のあり方に関するさまざまな問題に関して「正しい答」を答えることが求められるようになる。

すでに、入学式や卒業式で、生徒たちが歌う君が代の「音量」を測る教育委員会などが登場してきているが、それは現状においてはあくまで教員の指導ぶりを問題にするためのものである。ところが、権力の視線は反転する。個々の生徒を評価するために、生徒一人ひとりの「音量」を観察する教育現場が出てくるやもしれないのである。

もう一つの問題は、教員に対する恒常的な統御の道がひらかれるかもしれないということである。「国を愛する心」に関わる指導が日常の指導の局面にさまざまに入り込んでくるならば、この問題に敏感な教員は、恒常的に「踏み絵」に直面させられることになる。「愛国」を主題にした教材をどう教えるのか、生徒たちからの質問や疑問にどう答えるのか、外部評価や自己評価においてどう説明するのか――。教育の営みがもつべき自律性や自由度の意義が見失われて、「説明責任」の名の下で、「公開性」や「透明性」といった語が濫用されており、その結果、教員の日々の指導活動は、簡単に外部からのチェックにさらされるようになりつつある。「何をどう教えたのか」が簡単に問題化される状況になってきているのである。下手をすると、「(改正された)教育基本法の理念に反した教育をしている」とレッテルを貼られて、簡単に「不適格教員」(後述)と認定されてしまう危険性もありうる。教員の問題は次節でもあらためて取りあげる。

c 右翼少年の培養器

もう一つ懸念されるのは、もし、右のような一連の動きが生じるならば、学校が過激な右翼少年の培養器の役割を果たすことになってしまうのではないか、という心配である。もちろん、学校教育は、よほどの政治状況の変化でもない限り、たとえいくら濃密なものとなっても、教育内容のレベルでみるとせいぜい「穏健なナショナリズム」のもの以上にはならないだろう。学校教育の内容が直接極右化するわけではなかろう。

しかし、図1で述べたように、教育によって同じものが与えられても、生徒によって受けとめ方は異なっている。この点が考慮されねばならない。何万人、何十万人の生徒の中には、ある教材に異常な感銘を受けたり、自己の〈生〉を全面的に投影したりする生徒も出てくるかもしれない。未熟な子供たちには、カリキュラムや教材制作者の意図をはるかに超えた、価値への過剰なコミットメントの可能性が存在している。特に、「愛国」に関する教材には、一般的に、感動を喚起するようなドラマや物語性が備わっている。だからこそ、そうした教育の濃密化は、被教育者の一部に「過剰な内面化」を生みやすい。右翼的な少年・少女がいたって別に悪いわけではないが、中にごくたまに、直接行動も辞さない過激な少年・少女が生まれることは覚悟しておいた方がよい。

もう一つには、「学校でも教えられている」ということが、彼らが後になって組み立てる思想に正当性を与えるということである。学校で学んだ「穏健なナショナリズム」と、自らが信奉するに至った「過激なナショナリズム」の間の差異は、その場合、重要な問題とは感知されないだろう。学校が愛国心教育を熱心に行なうことは、彼らにとっては、自らの思想と行動に対し、既存の体制が正当性のお墨付きを与えてくれているものとして受けとめるにちがいない。いくらマイルドな内容であれ、愛国心教育が濃密化・日常化すればするほど、極右の少年たちに言葉と確信とを与えるであろうことを、われわれは覚悟しなければならない。

一般に、ナショナリズムは、一貫した論理や体系性をもたない。B・アンダーソンにいわせると、ナショナリズムは「哲学的に貧困で支離滅裂」であり、「他のイズム〔主義〕とは違って、そのホッブズも、トクヴィルも、マルクスも、ウェーバーも、いかなる大思想家も生み出さなかった」（アンダーソン 一九九七、二三頁）。あらかじめ一貫性・体系性をもったイデオロギーというよりも、ローカルな言葉と情念とによって内容が満たされる「空虚」であるといえる。それゆえ、「ナショナルなもの」は、つぎはぎの論理で、当事者によっていかようにも組み立てうる融通性が存在している。厳密な論理を構築しようとして破綻してしまった新左翼の諸セクトの綱領と、曖昧で支離滅裂な論理にもかかわらず情感に訴えることでよしとする極右の諸団体の綱領との対比を思い浮かべてみればよい。学校が本腰入れて「愛国心」を称揚するならば、それは、情動的で過激な右翼運動に、フォーマルなお墨付きの正当性を与える機能を果たす。

暴力を伴った中国の反日デモで、「愛国無罪」のスローガンが叫ばれたことがすぐに想起される。愛国心教育を制度化した国家は、「愛国」の名を掲げた過激な集団を、自らの手で作り出すことになる。「すべての子供を穏健な線で」という結果の保証は、数十万人・数百万人を相手にした教育制度においては無理である。いずれ右翼テロが多発した時になってはじめて、多くの人は「愛国心教育の失敗」を悟るようになるのかもしれない。

3　教員の萎縮と自己規制

愛国心教育の制度化が学校に対してもたらすインパクトの最も大きなものの一つが、教員の萎縮と自己規制の問題である。それは、すでに「日の丸・君が代」問題を切り口として進行している。「国を愛する心」が教育基本法第一条に盛り込まれたら、より本格的に進行するように思われる。ここでは、「日の丸・君が代」問題を手がかりに、愛国心教育が教育現場に強制されていくことで何が生じているのか／何が生じていくのか、について、考察してみたい。

学習指導要領の中の「日の丸・君が代」

先にも述べたとおり、教育基本法が改正されて徳目が詳細に定められるようになると、心配されるのは、それらを教育の現場で教えていく厳格なシステムができあがることである。「これこれを教えろ」と行政が指示する事態だけでなく、個別の教員が忠実に徳目を教えているかどうかをチェックする体制が作られるという、大変憂慮すべき事態を招くことになる。その危惧が杞憂でないのは、これに先行する形で、既に「日の丸・君が代」の強制が、そのようなシステムとして機能し始めているからである。

学習指導要領に「日の丸・君が代」が登場したのは、一九五八年のことである。それには、「国民の祝日などにおいて儀式などを行う場合には、児童（生徒）に対してこれらの祝日などの意義を理解させるとともに、国旗を掲揚し、君が代をせい唱させることが望ましい」と書かれ、「日の丸」を「国旗」と認めていた。これが一九七七年の学習指導要領では、「国旗を掲揚し、国歌を斉唱させることが望ましい」と、「君が代」を「国歌」とみなす表記に変わっている。一九八五年になると文部省は、全都道府県と政令指定都市で、卒業式・入学式での日の丸掲揚・君が代斉唱の実施率をはじめて調査し、その結果を受けて、入学式・卒業式に日の丸掲揚と君が代斉唱をするよう公立学校に通知を出した。

一九八九年に告示された学習指導要領では、「入学式や卒業式などにおいては、その意義をふまえ、国旗を掲揚するとともに、国歌を斉唱するよう指導するものである」となり、入学式や卒業式という学校の行事での実施が明確化され、「指導」という形で実施を強制するものとした。学習指導要領はその後の一九九八年にも改訂されているが、「日の丸・君が代」の取り扱いに関する内容は一九八九年のものと同じである。

一九九九年二月二八日には、「日の丸・君が代」の強制問題で、広島県立世羅高校の校長が自殺するという事件が起きている。これは、同県の教育委員会から下された、卒業式での日の丸掲揚と君が代斉唱の完全実施を要求する職務命令と、これに反対する教職員らとの板挟みになったことが原因とされている（野田 二〇〇二ａ）。

そして同年八月、国会で「国旗及び国歌に関する法律」（以下、「国旗国歌法」と記す）が成立する。この法律は、「第一条　国旗は日章旗とする。第二条　国歌は君が代とする」とした、尊重や実施に関する規定のない単純なものである（日章旗の制式と君が代の歌詞および楽曲は、別記で定められている）。同法案の審議中、政府は、「卒業式などで強制はしない」と答弁しており、文部大臣談話でも、「法制化に伴い、学習指導要領に基づくこれまでの指導に関する取扱いを変えるものではない」と述べられていた。しかしながら、同法成立後は、文部省が都道府県知事や教育長らにあてて「指導」に関する通知を出したり、広島県では、入学式での君が代斉唱を実施しなかった公立小中学校一六校の校長を県の教育委員会が戒告処分にするなど、強制が急速に強まっていった。

現場の学校においては、地方の教育委員会が「学習指導要領に基づく」という根拠をもって、「国旗は壇上正面に掲げる。国家はピアノ伴奏で斉唱する。教師は国旗に向かって起立する」というように、細かい実施指針を定め、これを「指導」という形で各学校の管理職に降ろし、それを各教師に「職務命令」として強制するという、「完全実施」の体制ができあがっている。実施状況は厳しくチェックされ、斉唱時に起立をしない、あるいは命令されたピアノ伴奏をしないなど、「職務命令」に従わなかった教師は戒告などの懲戒処分を受ける。繰り返し処分を受けた時、最悪の場合には、退職を迫られるかもしれない。こうした「職務命令違反」として処分される教師はすでに相当な数にのぼり、処分の違法性や「日の丸・君が代」の強制の不当性、あるいは「内心の自由」の侵害性を法的手段に訴えるケースが起きていることは、既に多くのメディアが報じていることである。

また、東京都町田市など一部の自治体では、教育委員会が児童・生徒に対して、君が代斉唱時には校歌と同じ声量で歌うよう事前指導することを通知するという出来事が起きている。教育委員会↓学校長↓教師という強制の影響が、ついに子供たちにまで及んできたのである。

国旗国歌法の例は、尊重義務規定や罰則規定のない法律でも、上意下達のシステムをとおすことによって、教育の現場が徹底した統制と管理を受けるという見本である。教育基本法が理念法的性格をもつにすぎないからといって、安心すべきではない。厳酷な処分を目の当たりにして、自らの思想・信条を貫いてまで、「日の丸・君が代」の強制に反対する教師は、そう多くはないだろう。そういう意味では、「日の丸・君が代」の強制は一種の　踏み絵　であり、これを踏めない教師は次々と処分され、体制に従順な教師だけが残っていくことになるかもしれない。二〇〇四年・二〇〇五年の春に入学式・卒業式における起立や君が代斉唱をめぐって東京都で起きた事態は、まさにこういうものであった。

第3章でも述べた『心のノート』の場合も同様で、二〇〇二年に作られた当初は、拘束力をもたせずに生徒に配布するだけのはずだったものが、配布状況や使用状況について細かくチェックをし、現場での「活用」を厳しく求めるという形に変わってきている。

このような統制は、必ずしも国家レベルで一元的に行なわれるとは限らない。「日の丸・君が代」問題で見たように、地方の教育委員会が行なう教育行政のあり方を見ると、地方の保守系議員からの圧力を受けて、教育委員会が中央の規定を制度的に具体化するよう細かな指示を出すなどといったケースがみられる（たとえば、斎藤（貴）二〇〇三）。地方の教育委員会が、中央で答弁や想定されたレベルよりもさらに輪をかけた厳しいチェック体制を敷くという側面もあり、基本法第十条の変更とも相まって、基本法や学習指導要領がもつ大綱的な性格を踏み越えた詳細な規制が、地方レベルで進んでいく可能性が大きいのである。

「日の丸・君が代」問題は学校生活全体へ影響をおよぼす

「国を愛する」教育、あるいは「日の丸・君が代」の問題は、生徒にとってみると、入学式や卒業式だけに関わる話であれば、儀礼的同調にとどまるという理由から内面化の効果は薄い。そのような意味では、「そう大した影響は生徒にはおよばないのだから、教師も意地を張らずに戦いをやめればよい」という意見もあるかもしれない。だがそこには、今後の学校全体に関わる、二つの大きな危険性があることに気がつかなければならない。

一つは、内面化効果が薄いからこそ、先ほどふれたように、教育基本法に新たに盛り込まれる徳目を教育の現場で詳細・濃密に組織化して、学校生活全体に拡大していこうとする動きが生じる可能性である。

儀式以外の局面に拡大しつつある例が、すでに実際、出てきている。二〇〇二年、福岡市内の六九の小学校で使われた六年生の社会科の通知表に「我が国の歴史や伝統を大切にし国を愛する心情をもつとともに、平和を願う世界の中の日本人としての自覚をもとうとする」という評価項目が設けられ、A、B、Cの三段階で生徒が評価されるという出来事が起きた。印刷費を教育委員会が負担するというので各学校の校長が経費と労力の節減をねらって丸ごと委託し、教育委員会は学習指導要領の記載をそのまま引き写して通知表の項目を作成したところに生じた事態であった。この評価は、在日韓国人の団体による抗議で取りやめになったが、二〇〇三年の段階では、さらにいろいろな都府県で、同じような評価が実施されていることが判明している（この事件に関しては、李 二〇〇三、新谷 二〇〇三、等を参照)。

この福岡の事件は、教育行政—学校の官僚制的な上意下達の体質が、生徒個々人の思想・良心の自由の問題についていかに無頓着なまま、教育の日常慣行を作りあげていくか、という点をはからずも露呈したような事件であった。しかし、教育基本法第一条が書き変えられることになれば、「教育の目的」として法的な裏付けをもつことになるので、むしろ、積極的に、評価に使われていく可能性がないとはいえない。

二番めの危険性は、第5章と関連するが、「国を愛する」教育に反発を覚えるような教員を排斥すべき「敵」とみなす人たちによる悪用である。「日の丸・君が代」問題のような政治的・宗教的な教材を用いて、特定の思想・信条をもった教員や特定宗教の信者を排除しようと明確に意図された利用が心配される。この点は項をあらためて論じたい。

ただ、その前に、「情操教育」として宗教教育の可否が議論されている問題についてふれておきたい。これを是とする議論には、二つの問題点があるように思われる。一つは、「命の大切さ」というような宗教的な情操を特定の宗派に偏らないで中立的な姿勢で学ばせることは可能だとする、一見、一般論として正当に見える議論があるけれども、宗教に関わる教育はいざ教材や授業レベルに降りていくと、必ずある種の具体性を帯びたものになってしまうという問題がある。教材をかみ砕いたり発展させながら教えようとすると、また、生徒からの質問や発言が出てくると、一般論では回避したはずの、具体性を帯びた題材に直面させられることになる。二つめの問題は、宗教問題を考える時に必ず抱き合わせで議論されるべき、「宗教に関する授業を受けることの拒否」の問題が、日本ではきちんと議論されていないという点である。エホバの証人の宗徒である生徒が教義上の理由から武道の授業を拒否したという裁判事件としての例はあるが、改革の議論の中に、権利としての宗教教育の拒否の議論がまったくない。積極的な無宗教者、まったくマイナーな宗教的な家庭のことが配慮されないままに、宗教的情操に関わる教育が導入されようとしている（この問題については、柿沼 二〇〇三、を参照）。

「指導力不足教員」という、もうひとつの〝踏み絵〟

実際に、特定の思想・信条をもった教員を排除しようとする動きは、「指導力不足教員」というレッテル貼りとしてすでに出てきている。たとえば東京都では、「教員に指導する意思があっても、結果的に子供たちが国歌を歌えない状況が見られるとすれば、指導力不足の教員ではないか」という都議の質問に対して、横山教育長が、「指導力に問題がある」と答弁している（炭谷 二〇〇五、五一頁）。「指導力不足」というレッテルは、その概念の曖昧さのゆえに、特定教員の処分理由として濫用されうるのである。

羽山健一は、「指導力不足教員」の認定制度について、実際に生じている例（多摩中学校根津教諭事件と多賀城市立多賀城小学校戸田教諭事件）を示し、認定制度の問題点を述べている。少し長くなるが、この二例に関する記述をそのまま紹介しておく。

〈多摩中学校根津教諭事件〉

一九九〇年から、八王子市立石川中学校に勤務していた根津公子教諭は、一九九四年の卒業式当日、日の丸を降ろしたことで減給処分を受け、そのことを学級通信に書いたことで訓告処分を受けていた。さらに、一九九九年二月に、「自分の頭で判断できる人間になろう」という趣旨の授業を行い、日の丸・君が代の問題を扱ったことを理由に、訓告処分を受けた。日の丸・君が代については考えさせてはいけないというのが市教育委員会の見解である。そして翌年四月、根津教諭は突如多摩市立多摩中学校へ異動させられた。

根津教諭は異動先でも、着任前から「偏向教育をするような教師」という噂を流され、処分の口実を探す管理職の厳格な監視のもとにおかれる。二〇〇一年二月下旬に、根津教諭は「男女共生社会をめざして」というテーマで行った家庭科の授業で、㈰女性労働者の差別、㈪従軍慰安婦と現代のレイプ問題、㈫同性愛の存在について知る、という題材を取り上げた。このことに対して、校長は子どもたちや保護者に「根津先生は、学習指導要領を逸脱した授業をしている」と話して不信感を煽り、そのうえで保護者会を開いて根津教諭を糾弾する声を結集し、「不適格教員」という雰囲気作りをする。その一方で校長は、こまかな職務命令を乱発し、職務命令違反の事実を作りだそうとするなどして、根津教諭を現場から外すための画策を続けた。

同年九月、多摩市教委は根津教諭を指導力不足等教員として東京都教育委員会に申請した。これを受けて都教委は正式な手続に入り、本人に「意見を述べる機会」を設定したものの、そこでは、指導力不足等教員として申請された理由となる事実が何であるかが明らかにされず、要求するまで記録さえ取られないという形だけの運営を行った。

結局二〇〇二年三月、都教委は根津教諭を指導力不足等教員に認定しないという決定を行うが、これは判定会が正常に機能したからではなく、根津教諭を支援する運動が高まり、それを無視できなくなったからである。しかし、指導力不足等教員に仕立てることに失敗した都教委は、二〇〇二年三月、根津教諭を減給の懲戒処分にした（羽山 二〇〇三、一九六～一九八頁）。

なお、二〇〇五年五月に、都教委は、根津教諭に対し、入学式での不起立を理由に定職一ケ月の処分を出し、現在係争中である。「日の丸・君が代」に関連したケースとしては、これまでで最も重い処分である（『朝日新聞』二〇〇五年五月二七日夕刊）。

〈多賀城小学校戸田教諭事件〉

宮城県の多賀城市立多賀城小学校教諭の戸田慎一氏は、以前から、仙台市民オンブズマンタイアップグループの一員として、また一市民として、公金不正支出問題に取り組み、教育委員会などを相手に訴訟活動を行ってきた市民運動家である。その戸田教諭が、二〇〇〇年四月、突然、松島野外活動センターでの二年間の長期特別研修を命じられた。この長期特別研修とは、同年四月一日に施行された「宮城県公立学校教員長期特別研修に関する要綱」に基づく研修であり、同要綱第一条によれば長期特別研修は、「教育指導力等について特に学校現場を離れて再研修を要すると認められる場合に」行うものとされている。つまり、戸田教諭は何の通知も受けないまま指導力不足教員と認定され、それに応じた措置として長期特別研修を命じられたものである。

それでも戸田教諭は二〇〇二年三月までこの命令に服したが、その研修内容はセンター利用者の世話係と独習、ならびに「環境整備作業」と銘打った土木作業であった。教室で授業する形での研修は二年間でわずか五日間にすぎない。つまり、この長期特別研修は「研修」とは名ばかりで、指導力を向上させ現場復帰をめざすような内容のものではなかったのである。

この研修がやっと終了した二〇〇二年四月、戸田教諭は長期特別研修の延長処分（一年間）を受け、宮城県教育研修センターでの研修を命じられた。戸田教諭は授業の進め方にも一定の評価を受けており、指導力が不足しているとは考えられず、二度にわたる研修命令は、同人が市民運動や裁判活動をしていることへの報復的処分であるとしか考えられない。同年九月六日、戸田教諭はこのような不正な動機に基づく処分は違法であるとして、研修命令の取消と損害賠償を求めて提訴した（羽山 二〇〇三、一九八～一九九頁）。

全国で動き出している「不適格教員」の認定制度は、おそらく多くの場合には、これまで現場でうやむやにされてきた、実際に教員としてのスキルや適性を欠いた者を対象にして運用されている。局所的な意味では有効であろう。しかし、この制度は「両刃の剣」である。

羽山は、認定制度が曖昧なために、教員が簡単に「指導力不足」というレッテルを貼られて処分の対象にされるという問題点を指摘したうえで、「指導力不足教員」を選び出して、処分や再教育をしていくシステムの導入は、「各教員の資質向上どころか、学校教育全体に致命的な弊害をもたらすことが危惧される」と述べている。その「致命的な弊害」として、(日)学校が上意下達の官僚組織になる、(月)管理体制の強化の中で教員の職業的志気が低下する、(火)「同僚性」という形で確保されていた教員相互間の協力・共同の関係が希薄になる、という三点をあげている。おそらくそのとおりだろう。

この場合、最も今後の教育にとって憂慮すべきは、一部の不適格な教員の排除の可否という問題ではない。重大なのは、おそらく教員集団全体に起こるであろう「教員の萎縮・自己規制」の問題である。二重・三重にチェックされ、評価される仕組みが作られていく中で、教員たちは、「学習指導要領からの逸脱」というレッテルや、恣意的な定義による「指導力不足」のレッテルを貼られないために、狭い職業的スキルの中に閉じこもるようになる。先にあげた二つの事例のようなケースを前にすると、ほとんどの教員は、「与えられたものを忠実かつ丁寧に教える教授技術者」の役割に閉じこもることになってしまう。多様性や創造性や社会性・自主性といったものを子供たちに教えるべき教育現場が、自主的な取り組みや批判的なそぶりさえ見せられない息苦しい場所になってしまう恐れが、現実のものとなりつつある。

一方では、「日の丸・君が代」の強制と「職務命令」の乱発、他方では「指導力不足教員」のレッテルなどの"踏み絵"によって、教員自らが考えることを狭い教授スキルのノウハウの問題へと限定させてしまうような事態が生じているのである。教育基本法改正によってこの傾向にいっそう拍車がかかる可能性は大きく、長期的に考えて、教育現場が受ける影響は、計り知れないのである*。

*――北九州市で入学式や卒業式での君が代斉唱時に着席したままだった教職員が処分された事件について、二〇〇五年四月二六日の福岡地裁判決では、減給処分四件について、「社会通念上著しく妥当性を欠く」と取消しが命じられた。むやみやたらな処分に対する歯止めとして、意義ある判決である。しかしながら、「職務命令」に関しては、憲法に違反しないという判断であった（『朝日新聞』二〇〇五年四月二七日）。「職務命令」が現場に重くのしかかっているのである。

4　家庭・地域におよぼす問題点

新しい考え方や社会的マイノリティが抑圧される危険性

次には、改正される教育基本法が家庭や地域におよぼす影響を少し考えておきたい。教育基本法改正で描かれている「学校と家庭と地域の連携」という論点について、中教審の答申には、以下のように記されている。

家庭は教育の原点であり、すべての教育の出発点である。家庭教育の重要性を踏まえてその役割を明確にするとともに、学校・家庭・地域社会の三者が、緊密に連携・協力して子どもの教育に当たるという視点を明確にする。

子どもの健全育成をはじめ、教育の目的を実現する上で、地域社会の果たすべき役割は非常に大きい。学校・家庭・地域社会の三者が、それぞれ子どもの教育に責任を持つとともに、適切な役割分担の下に相互に緊密に連携・協力して、教育の目的の実現に取り組むことが重要であり、その旨を規定することが適当である。

ここにみられるのは、さまざまなエージェント（主体）が、価値観（教育観や社会観）を共有している姿である。こうした議論の背後には、「国民共同体」のような、一元的な価値の源泉となりうる、より上位の共同体が前提とされているか、もしくは、機能分化したさまざまな部分が寄り集まって全体的に相互協力的な機能を果たすという、予定調和的な有機体的社会観が前提とされている。そこには一枚岩的な暗黙の「合意」が想定されている。

しかし、果たして、こういう「連携・協力」のシステムは望ましいといえるのだろうか。オウム真理教排斥運動やアジア系外国人に対する不信のまなざしなどを見ても、地域がまとまる時には、ひとつの価値観に収斂しがちである。多様性や異質性を認めない傾向が強い現在の日本社会では、学校・家庭・地域が一体になった教育体制というものは、危険なものになるのではないかという懸念が拭えない。

「地域」が教育のエージェントとして高唱されるようになってきた社会的背景は、いくつか考えられる。

かつての学校がもっていた、地域や家庭に対する文化的ヘゲモニーが失われ、むしろ、外部からチェックされるべき存在とみなされるようになった、というのが大きな理由の一つである。換言すると、文化的優越性を誇っていた学校の凋落である（広田 二〇〇一、第九章）。「遅れた親や地域を指導する」学校という像が終焉し、むしろ、「サービスの受け手の側からの要求を反映した学校」という像が浮上してきた時、「地域」が学校をコントロールする主体としてせり上がってきたといえる。ただし、たとえば、「親の教育要求」とか「住民の自発的意志」といった括り方は、親たちや地域内の人々の間に存在する利害や意見の多様性や対立・すれちがい等を無視してしまっているから、実際には、多数者による抑圧や排除が生じるのを隠蔽するイデオロギーとして機能することになる（広田 二〇〇四、六四〜六九頁、広田 二〇〇二）。

「地域」が高唱されるもう一つの大きな理由は、現代の「地域」がまさに「共同体」としての性格の大半を失ってしまったからである。「地域の教育力の低下」という言葉で表されている事態もその一端であるが、二つのことに留意すべきである。第一に、全人包摂的な組織の衰退は、「地域」に限らずさまざまな領域で起きており、また、それは多様性の許容や生き方の自由度の増加――ポジティヴな事態――と重なっている、ということである。

全人包摂型の組織の弱体化を論じた太田肇は、次のように述べている。

人々の生活圏が広がると同時に、生活そのものも多様化している。かつての農村や漁村などでは地域住民の生活は類似していたが、都市化と流動化によってだんだんと多様になり、さまざまな局面で利害が対立するようになってきた。

たとえば、一つの町内に住んでいても職業や生活パターンはさまざまである。家族のいる世帯と単身世帯、土地をもつ旧住民とアパート暮らしの新住民、サラリーマンと自由業・自営業が混住し、土日に働く人もいれば夜勤の人もいる。それらの人々が共通の目的意識をもって、一緒に参加できるような行事はごく限られている。ＰＴＡや婦人会、老人会などに参加している人たちも、背後にある家庭環境、職業、思想・信条は多様である。

もちろん職場の中でも多様化は進んでいる。伝統的な会社では、終身雇用の正社員ばかりが一緒に働いていたが、新しい会社の中にはさまざまな身分、就業形態の人が混在していることは珍しくない。しかも能力主義や成果主義が進んで、従業員同士の利害の共通性は小さくなってきた。

（中略）

このように組織内部の同質性や利害の共通性が薄れ、それぞれの組織が部分的にしかコミットできない多様な人々を抱えるようになると、従来のような囲い込みは受け入れられなくなってくる（太田 二〇〇一、一〇七～一〇八頁）。

第二に、まさに失われてしまったがゆえに、かつての「地域共同体」のネガティブな面は忘れ去られ、美化されてイメージされているのではないか、ということである。「地域の教育力」という語は、一九七〇年代以降に多用されるようになったのだが、そこでは、かつての地域共同体が因襲や差別、強制や抑圧（さらには排除）をいろいろな形で含んでいたことが忘れられてしまっている*。

*——家族の解体や揺らぎ、地域共同体の消失、社会的規範の喪失というふうに、事態をとらえるのは、いわば「喪失の物語」として現在の事態を位置づけることになる。「自己形成空間の衰弱」（高橋 一九九二）、「社会力の衰弱」（門脇 一九九九）というふうに。しかし、不可逆的な社会変動を経験してきているわれわれは、まったく新しい事態が生じてきていると（すなわち「出現の物語」として）とらえるべきである。それは、「家族の個人化、多様な家族タイプの出現」であり、「多様で異質な個人の集合体としての居住空間の広がり」であり、「伝統主義的な社会規範の相対化と価値の多元化」である。昔の共同体が顔見知りの間での温かなつながりを提供する一方で、頑迷な因襲や残酷な差別を内包していたのと同様に、今の個人化された社会は、自律と自由を個々人に提供する一方で、寄る辺のなさと孤独を生み出す。どちらも、決して理想的なコミューンでも何でもない。

中教審の答申だけでなく、多くの教育論が、明示的に、もしくは暗黙に、「喪失の物語」に依拠して、現在の教育について考えてしまっている。新しい社会的条件のもとで生じてきた「問題」についての議論で、知らず識らずの間に、過去（しかも美化された過去）を参照点にしている。だから、「進歩的」な教育学者が、保守的なモラリストと同じ枠組みで教育を論じることになってしまっているのである。

もちろん、「共同体」としてではなく、「機能集団」として地域を捉え直す視点はありうる。生活安全や社会保障、生活環境など、「地域」単位での行政施策や自発的活動が不可欠な部分はあるからである。しかし、教育に関わる議論では、一面的に美化された「共同体」像を下敷きにした議論が横行している。価値や規範が共有され、合意された目標に向けて人々が一体となる、という姿である。「わが国の組織には、具体的な必要性が乏しいにもかかわらず、包括的な網をかけてメンバーを囲い込むという特徴がある。それが安易に行われ、なおかつ可能なのは組織と個人の双方、ならびに社会的にも本当の意味で『個人尊重』の精神が欠けていること、とりわけ個人の権利や自由といった基本的な価値に対する認識が低いことが最大の原因であると考えられる」と、先に紹介した太田肇は指摘しているが(太田、二〇〇一、五〇頁)、「地域」に関わる教育論の中では、依然としてそうした発想が支配しているのである。

これからの流動的な時代を見越して、「価値の多元性」を前提にした地域モデルを構想することもありえそうに思うのだが、残念ながら、中教審の答申は、旧い「合意モデル」の枠を出ていない。マイノリティや少数意見をもつ人、既存のシステムに不満をもつ人、若者固有の文化、革新的なさまざまな新しい考え方などが、学校・家庭・地域の連携システムによって、危機にさらされることになる。私にいわせると、連携論の音頭を取っているのは、ある世代のあるステイタスの人たちで、そのような人たちがもつ一昔前の古い大人の考え方が、マイナーな生き方や新しいモラルの可能性といったものを封殺する恐れがあるモデルをそのまま採用しているのだ。

もちろん、目新しい点もある。旧来のような、行政主導の地域作りではなく、市民が主体となって地域の教育を組織していく、というコンセプトである。坂口緑は、中教審が出した答申について、『社会づくり』に参与するという『自治』の考えが盛り込まれている」と述べ、「平等」を実現する「民主的」側面と並んで、「自治」の意味でも「民主的」であると、改正論を高く評価している（坂口二〇〇三）。

だが、「自治」をさしてイコール「民主的」と考えてよいのだろうか。ここで想定されている「社会」には多元性の視点が欠落している。なまじっかな「連携」や「協力」は拒絶されてしまうしかないような、根本的な意味での価値の多元性という水準の問題である。特に、近年は、国家権力による市民の抑圧、という従来の事態に代わって、姜尚中がいうところの「市民対市民」という対立図式、あるいは五十嵐太郎が指摘する「抑圧する側に回る市民社会」という事態が、社会の紛争としてせり上がってきている（我部他二〇〇三、五十嵐二〇〇三）。「他者の声」を視野から欠落させた諸アクターが自律的に相互作用することによって生じる「多元主義的抑圧」というのも、似たような事態をさしている（テッサ・モーリス＝スズキ二〇〇三）。

たとえば、ある価値を自明の正しさとして承認しているような圧倒的多数が、自分たちの正しさを疑いもせず、それとは違う価値を信奉するさまざまなマイノリティ・グループを「異常」「逸脱」とみなして排除・処罰するような関係である。そこにおける「自治」は、インナーグループの人にとってのみ「民主的」と呼べる事態である。

(おそらく私がこのように書いておいても、「大多数が好ましいと思っているルールや規範があるのなら、それに反したような者を排除・処罰して一体何が悪いんだ?」とピンとこない読者も少なくないだろう。まさにそういう思考の状態こそが、知らずに抑圧をしてしまう構造なのだ。)

「学校・家庭・地域の連携」が社会の活力を奪うという可能性

学校・家庭・地域が連携すると一枚岩になりやすく、さらにこれに行政の力が加わると、「市民が市民を抑圧する」という弊害が起きることが考えられる、と述べてきた。そうすると、教育において、次のような問題が生じる可能性がある。

A　根本的な価値観・教育観の多元性の否定につながる

一般的には、「家族の関係が疎遠になり、家庭の教育力が低下しているという現象が既に生じているので、家庭での教育や学校・家庭・地域の連携が必要だ」とする言説が流布している。しかし、それは事実とは違っている。反対に、現代ほど家庭教育が熱心に行なわれている時代はないし、家庭が学校や地域に依存する傾向はますます薄れてきている。このことは、拙著『日本人のしつけは衰退したか』(講談社現代新書、一九九九年)で既に明らかにしておいたことである。ここでは少しデータをもとに再論する。

図2の「日本人の国民性調査」結果を見ていただければわかるように、今の時代は、家族がかけがえのない帰属集団になった時代である。また、図3はＮＨＫによる調査結果で、「理想の家庭」の形態を時代の推移で見たものだが、〈性役割分担〉を理想とする考え方が減り、〈家庭内協力〉を理想とする人が増えていることがわかる。ここで重要なのは、「家族のあるべき像」というのは一枚岩の意見にはなっていない、ということである。

図4は、日本、韓国、米国それぞれの「子どものしつけ」に関する意識調査で、米国では、幼い時期に厳しくすることに肯定的な意見が多いが、韓国では反対に、幼い時期には自由にさせる傾向が強い。日本では、「厳しくする」が六割ほどで、「自由にさせる」が四割ほどと、まったく相異なる方向で世論が割れているという点が興味深い。これらの調査結果を見た限りでは、日本では、あるべき家族の像のイメージが多様にあり、また子供のしつけについても一元的な傾向が見られないわけで、家庭教育のあり方についても、根本的な理念・方針の差異が相互対立的に存在しているといえる。

これらの例をあげたのは、政治的信条や出身国籍等による教育観の違いなどと同様に、「あるべき家庭像」や「望ましい子育て像」は、まったく相異なる考え方が併存しているのが現代の社会だということである。また、今の日本は、家族の形態でみても、三世代家族からシングル・マザーやシングル・ファーザーの家庭まで、多様に存在している。現実の世界では、いろいろな考え方のもとでいろいろな家族が家庭生活を営んでいるのである。

社会保障や労働などの分野の議論では、このような家族の多様性は、当然のこととして織り込みず

図2　「一番大切なもの」の推移

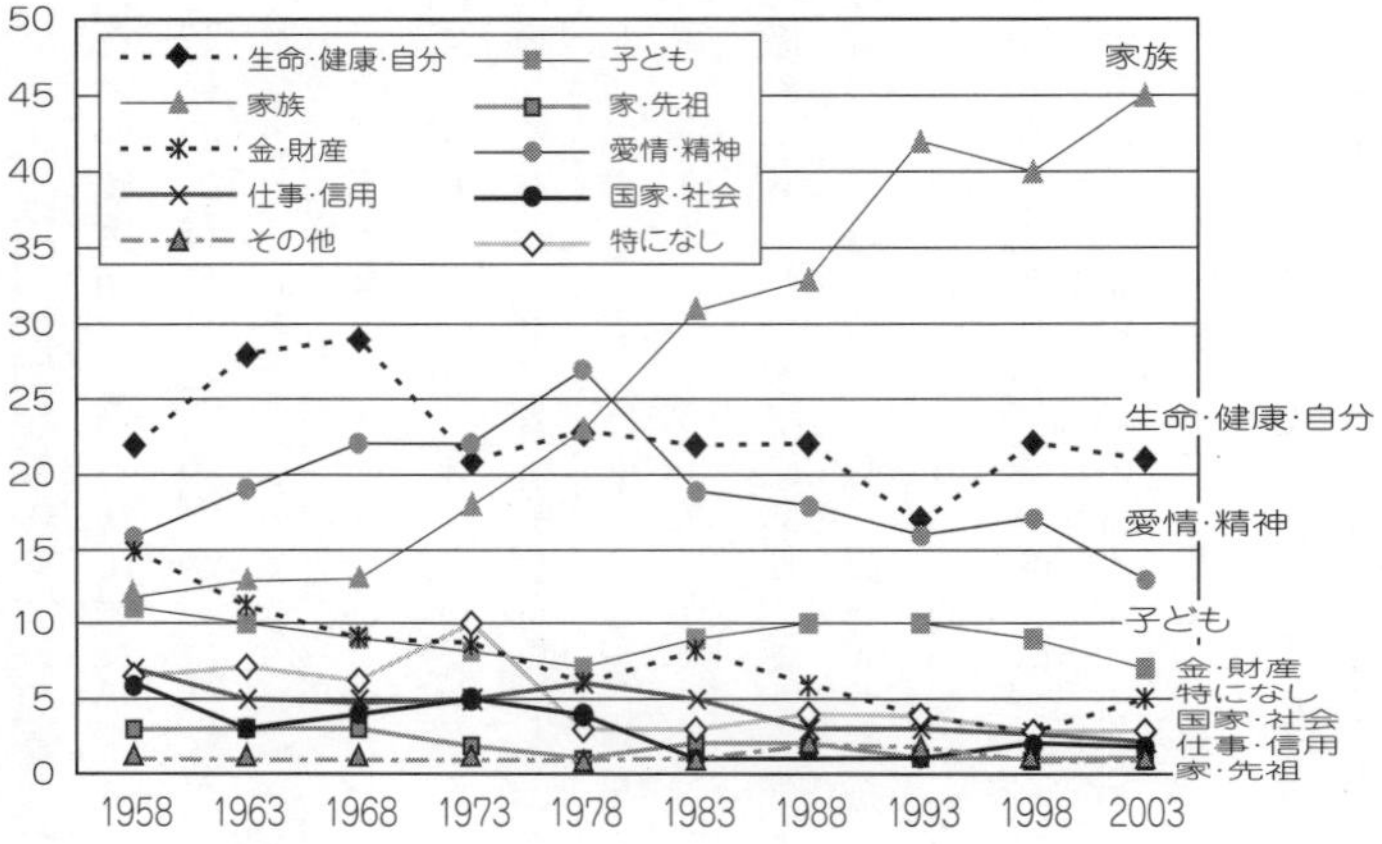

出典：統計数理研究所「日本人の国民性調査」から作成

図3　理想の家庭

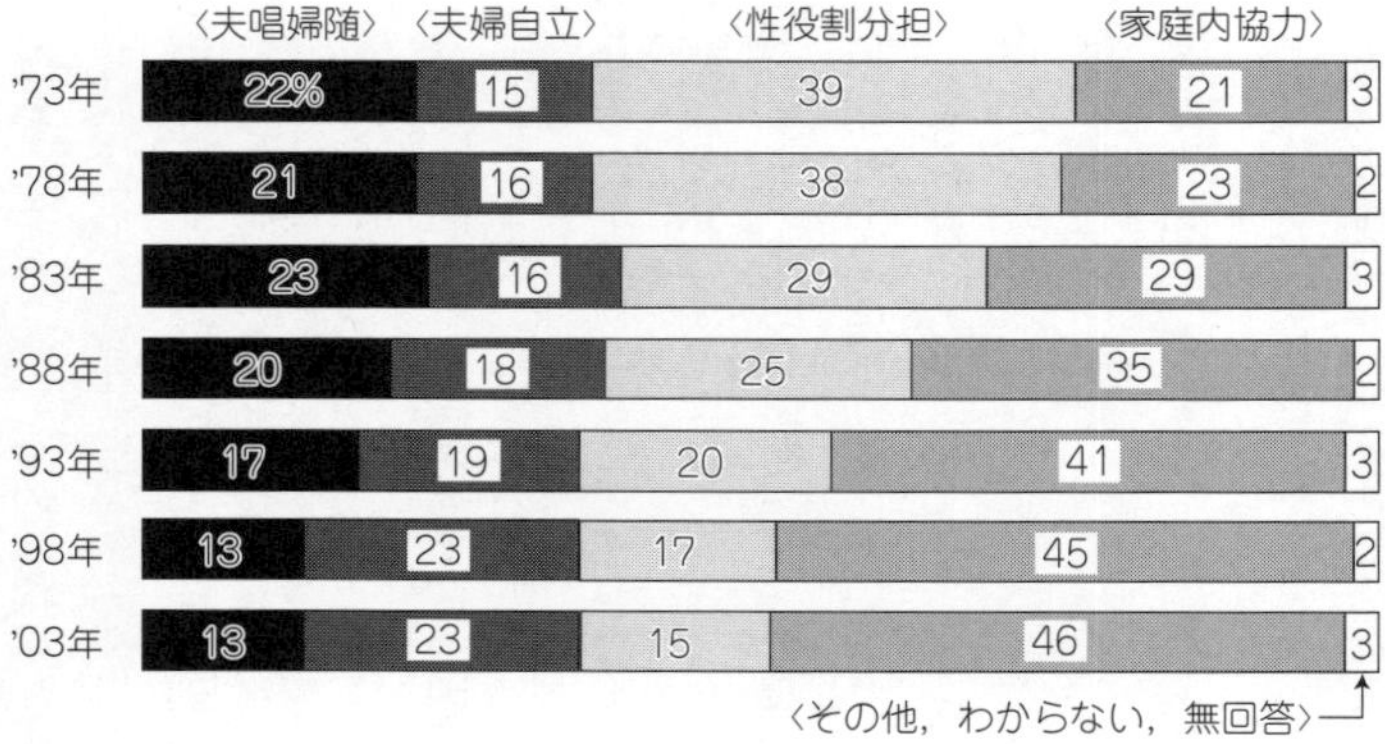

出典：NHK放送文化研究所編（2004）

みである。実態に合わせた政策の実効性を考えるならば、それが当たり前だといえる。地域の問題も、産業政策や地方政治の問題として論じられる際には、地域内の対立や分断などが、リアルに認識されているのが通例である。ところが、こと教育の分野に関しては、そうした実際の家族の多様性や地域の多元性がきちんと前提になることが少ない。教育の分野では、現実とは無関係な「べき論」が政策を作り、制度を動かしているからである。理念的に無矛盾に作られた「あるべき家族」や「あるべき地域」の単純な像が、実態を無視したまま、複雑な現実にかえって押しつけられる構造になっている。

図4　子供は幼い時期は自由にさせ、成長に従って厳しくしつけるのがよい

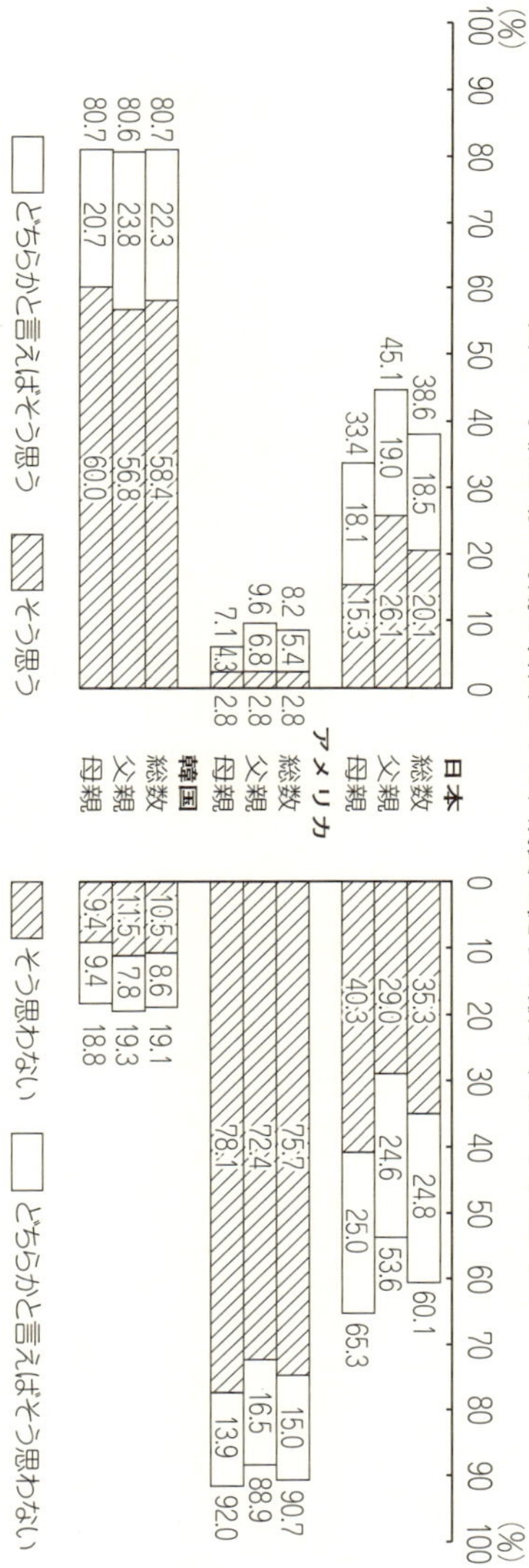

出典：総務庁青少年対策本部編『子供と家庭に関する国際比較調査報告書』（1996）

教育論が価値の共有を前提にした「合意モデル」から抜けた発想ができない大きな理由の一つは、ここにあるように思われる。

以上述べてきたように、「家庭の教育力が低下しているから、学校・家庭・地域の連携が必要だ」とする「連携・協力」論は、二重に歪んだものである。一つは、「家庭の教育力が低下している」という現状認識そのものが誤っている（この点は、ぜひ広田 一九九九、をお読みいただきたい）。もう一つは、「学校・家庭・地域の連携」という像が、平板で抑圧を生むものである。「連携・協力」論を無批判に受け入れ、それを押し進めていけば、家族の自律性や自由が損なわれ、行政・警察をも含めた監視と情報交換のネットワークの中で、〈多様な生〉が排除と抑圧の対象になってしまう（この点は、広田 二〇〇三 a、で論じた）。

B 「避難場所のない子供」を作ってしまう

先に述べたような全人包摂型の組織の衰退の結果、現代の個人は、相互の交渉のない複数の帰属集団に、それぞれ部分的に属すようになっている。そこから「アイデンティティの重層性・流動性」といった、現代人の特質が出てくる。ここからは、「目の前にいる他者が何者なのか確認しえない」とか、「自分が何者であるか自分自身で確信がもてない」といった困難が生じている。しかしながら、その事態は、「私」が常に「別の私」として生きうる場があるという点で、不遇な個人にとっては救いのある状況であるともいえる。

さかのぼって、丸山真男が『忠誠と反逆』（一九九二、初出は一九六〇年）において、この点に関わる興味深い議論をしている。江戸時代から明治時代への転換を議論する中で、忠誠対象が一元化された明治後期の社会と対比して、それ以前の「個人の忠誠が多様に分割されている社会」について、次のように論じている。

ある集団ないしその価値原理から疎外されたり、またはそれへの帰属感が減退しても、そうした疎外なり減退なりは、彼が同時に属している他の集団または価値原理に一層忠誠を投入することで補充され易いから、全体としての社会の精神的安定度は比較的に高いわけである（丸山、七七〜七八頁）。

個人が同時に帰属する複数の集団が、別々の価値原理に依拠することで、ひとつの場で生じる疎外を別の場で癒すことができるということである。これは個と集団の関係を考えるうえで、非常に重要な視点である。個人にとっては、身の回りの集団との間にズレがあったりネットワークに隙間があったりすることが、かえって個々人の居場所を保証するのだということに気づかせてくれる。学校の教員とウマが合わない子供の場合、家に帰れば、味方になってくれている家族がいるというのは、とても大事なことである。あるいは、辛い家庭状況に置かれている子供の場合には、学校が安心できる居場所になるということもありうる。家庭からも学校からも疎外されている場合は、地域のたまり場など、友人のネットワークの中に安住できる場所を見つけることもあるだろう。多元的な居場所が提供されていることで、子供は疎外感や完全な孤立から逃れることができるのである。

家族と学校と地域の連携が必要だするという「連携・協力」論が描こうとしているモデルは、そうした多元的な居場所を子供から奪い、個人の疎外の問題を悪化させてしまうことになる。

人は誰でも安心できる居場所が必要で、特に自己形成期の子供の場合はなおさらである。必要なのは、そこらじゅうをクリーンで常時監視された空間にしてしまうことではないし、成長の過程で出会う大人が皆同じ価値観を共有していることでもない。多様な生き方を模索する子供たちに、できるだけ多元的な居場所を提供することである。「連携・協力」システムは、大人にとってはユートピアかもしれないが、子供にとってはディストピアであることを理解する必要がある。

C 「教育の目的」規定が成人にも波及する

今回の中教審の答申では、教育基本法で新たに規定する教育の基本理念のひとつとして、「生涯学習社会の実現」を盛り込んでいる。そこには、長寿化や産業・就業構造の変化の中で、生涯にわたる継続的な学習の重要性が高まっているとして、「社会教育は国及び地方公共団体によって奨励されるべき」であるという記述がある。家庭教育についても、「それぞれの家庭（保護者）が子どもの教育に対する責任を自覚し、自らの役割について改めて認識を深めることがまず重要であるとの観点から、子どもに基本的な生活習慣を身に付けさせることや、豊かな情操をはぐくむことなど、家庭の果たすべき役割や責任について新たに規定することが適当である」というふうに書かれている。

生涯学習や家庭教育に関わる条文がもつ問題は、これはこれで、別途検討される必要がある。むしろ、ここで問題にしなければならないのは、「教育の目的」を定めた第一条との関係である。

教育基本法改正で教育の目的に「国を愛する心」などが規定されるようになると、家庭教育や社会教育の分野にも影響が及んでくる可能性がある。つまり、大人の生活にも関わってくる問題である。現行の学習指導要領は、前述のとおり、学校で教員が何をどのように教えるかを定めたものなので、それは教員を縛るものではあるが、子供や保護者を拘束するものではなかった。ところが、第一条の規定が、生涯学習や家庭教育の条項に及ぶものと解釈するならば、これは教員の問題や学校の問題にとどまらなくなってしまう。社会の中の多種多様な学習の現場でもそれが適用されるとするならば、「正しい国民」作りの論理になって、大人が自ら縛られる社会という方向に進みかねない。

現在、入学式や卒業式で行政による拘束力が及んでいるのは教員だけだが、保護者や子供も同じように、儀礼に同調することが要求されることになりかねない。あるいは、生涯学習の場に日の丸が掲げられ、日常的に礼をさせられるというように、個人の「内心の自由」を脅かす危険性が出てくる。

実際に、そのような兆候がないわけではない。一九九九年の八月、国旗国歌法の成立を受けて、「公共団体の主催する式典では、日の丸・君が代の拒否者に対し、主催者の判断で退場を求めることを認める」との政府答弁があり、同じ年の九月には、政府は天皇の在位十周年記念式典に際して、地方自治体、学校、民間企業にも日の丸を掲揚するよう協力を要請することを閣議決定している。

先に述べた　踏み絵　の機能が生涯学習の場でも作用したり、「保護者の教育責任」を内容に踏み込んで判断したりして、国に対する従順な姿勢を強要するような体制が社会全体に拡大・日常化した日が来ないとはいいきれないのだ。

第5章 敵は味方である

1 「対立」を超えるもの

真の利益を考えているのは誰か

「敵は味方である」とは風変わりな章名だと思われるかもしれない。一般に、「敵」といった場合、自分たちに危害しか及ぼさない者、あるいは攻撃の対象にすべき者とみなす傾向があるが、大局的な見方として、それが本当に正しいのかという話を、教育基本法改正問題と関連させて考察するのが、本章の目的である。まずは本題に入る前の導入として、三つの話をしてみたい。

まず一つめに紹介するのは、フランス人思想家のジャック・デリダと、ドイツの思想家ユルゲン・ハバーマスが連名で発表した宣言的な文章である。デリダとハバーマスは、仏独の長い憎しみの歴史を乗り越えて、ＥＵの未来に希望を託そうとしており、抗争・分裂や近代合理主義が生んだ暴力の歴史を、新たな公共性を構築するための遺産として転用しよう、という意義深い提起をしている。それはともかく、その論文の中で、イラク戦争を引き起こし、「アメリカにくみしない者たちは、テロリストたちとくみしている」と公言するブッシュ大統領を非難して、彼らは次のように述べている。

自国の現政府の諸政策に主体的に反対し、パレスティナ人の窮状と権利のために語ってきた勇敢なイスラエルのユダヤ人たちは、イスラエルの真の利益を守っています。アメリカ合衆国の現政府が抱く、世界的覇権のための計画に反対する私たちは、アメリカ合衆国の最善の利益のために語る愛国者なのです（デリダ＆ハバーマス 二〇〇三、八六頁）。

二つめは、前章で紹介した丸山真男の『忠誠と反逆』（一九九二年）からの箇所である。明治期の思潮を考察する中で、一見、思想的に対立する者同士が、通底性をもっていた点について述べた記述があり、大変興味深い。

明治前半期は、周知の通り、薩長をはじめとする藩閥勢力が支配する政府と、藩閥政府に批判的な民権運動の志士たちとの間で、流血を伴う厳しい対立があった。大日本帝国憲法が制定され、教育勅語が公布されていく中で、明治後半期には体制が安定していったのだが、その根底には、官僚制システムの整備と、国民の忠誠の対象が天皇に一元化していったこととの二つの理由があった。丸山によれば、この二つによって自主独立や抵抗の精神が次第に失われていき、一方では、官僚的服従精神とコンフォーミズム（事大主義）が蔓延し、他方では、アパシーと個人主義が広がっていった。丸山は、アパシーと個人主義に関して、「忠誠と反逆の双方からの隠退」といういい方をしている。

ここで丸山が注目するのは、そうした時代思潮に抵抗した知識人たちである。この時代は、忠誠の対象が多様な形で存在した維新期の動乱がはるか昔の話になり、同時に、別の強力な忠誠の理論、つまり社会主義の革命思想が広がる直前の、過渡的な時代ということになるが、そこで取り上げられているのは、三宅雪嶺、山路愛山、徳富蘆花、田岡嶺雲らの思想家たちである。

まず、実に意外なことに、伝統主義者という地点から鋭く社会を批判した三宅雪嶺が、後に大逆事件で刑死する無政府主義者の幸徳秋水を弁護し、自分と近いスタンスにある者と見なしていたことを丸山は指摘している。「自我の次元から見て、雪嶺は幸徳を、彼自らと同じ『熱国家』（国家のあり方に関心が高いこと―著者注）の陣営に入れ、一見相反する御用的忠君愛国主義者と、頽唐的個人（世界）主義者とのうちに基本的には共通するコンフォーミズムの根を求めた」（丸山、九二頁）。

三宅雪嶺と幸徳秋水が置かれた思想状況を丸山は、「対角線的な交差」という言葉を使って表現している。私なりに解釈して図示すれば、図1のようなふうである。三宅雪嶺と幸徳秋水は、それぞれ、伝統主義の右翼とアナーキスト的な左翼という対角線に位置することで、かえってノンコンフォーミズム（非同調主義）という同じ平面に立っている。三宅雪嶺に一見近そうに見える御用的忠君愛国主義者と、幸徳秋水に近そうに見えるコスモポリタン的な頽唐的個人（世界）主義者は、むしろ別の水

図1　ノンコンフォーミズムの「対角線上の交差」

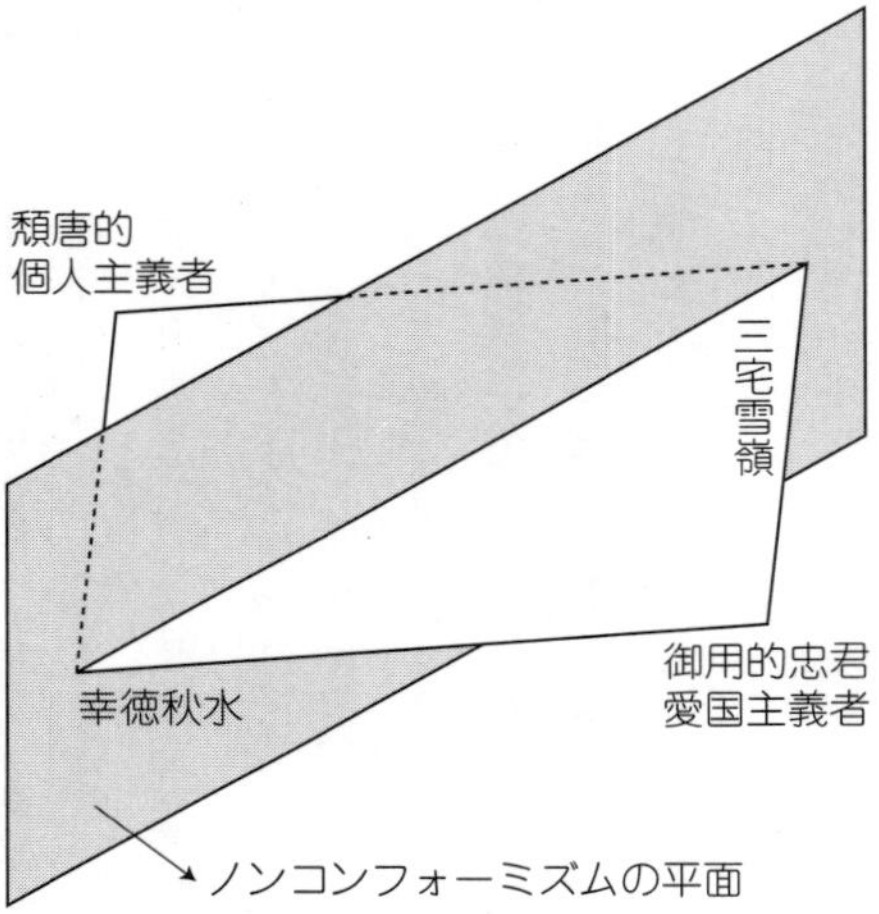

準の平面（コンフォーミズム）にともに立っているという図式である。丸山にいわせると、当時の学校教員に典型的にみられる御用的忠君愛国主義者というのは、強きに従う事大主義者である。他方、当時の青年たちにみられる頽唐的個人（世界）主義者は、一見、反・事大主義に見えるが、実は欧米からの思想をそのまま受け入れただけの事大主義者である。それに対して、国家のあり方を真剣に考えるからこそ抵抗や謀反の思想が主体的に生まれるという点で、三宅雪嶺は自分と通底するものを幸徳秋水に見出した、というのである。

「忠誠と反逆」論文の中で丸山は、学校教育における御用的忠君愛国主義者を三宅雪嶺が強烈に批判して書いた文章を紹介している。

「権力者は教育の心得ある凡物を使用するの便利を覚え、権威を仮して教育家を支配せしめ、予期の如く平穏無事なるを得たる」結果、「冷国家」「熱個人」の傾向を生むに至った（丸山、八八～八九頁）。

独立心を憎むの官吏が教育を監督し、独立心を憎むの教員が授業を担任しては、生来独立心に富む者の外、強者に対して唯々諾々たるべく、……能く現在の趨勢を変ずべくも思はれず（丸山、九五頁）。

三宅雪嶺は、学校で教育勅語を教える忠君愛国主義は、事大主義的な精神に導かれたものであって、自主自立の精神をまったくスポイルするものだと憤っていたのである。

田岡嶺雲もまた、同じような「対角線的な交差」の別の例であった。嶺雲は、その著書『明治叛臣伝』（一九〇九年）で自由民権時代の反逆者を描き、就職や恋のような私事にかまける当時の青年に向かって、世俗への反逆を訴えようとした。

山路愛山は、民友社系のジャーナリストとして出発し、共同体的国家主義・帝国主義の信奉者になったのだが、「一貫して天皇制的『集中』への抵抗」を示した存在だった。彼は「『国賊範疇の濫用に抗議』し、個人的自主性や抵抗精神さては積極的な行動＝業績主義を歴史的分析を通じて検出し、そこに日本を今日あらしめたエートスを見た」という（九七～九八頁）。

その愛山も、やはり学校教育の忠君愛国主義を批判した。「己は学校の教師だから文部省の言付け通り機械的に働いて居れば善い、などと考へるのは国家と君父に対して不忠不孝の心掛」と記述していることに丸山はふれ、「伝統的忠誠の発想は、まさしくここで官僚的服従精神と正面からアンチ・テーゼに置かれている」（丸山、九九頁）と論じている。

丸山の指摘からいえる重要なことは、「対角線的な交差」＝一見対立するもの　が、思想的にきわめて近いところにいるということである。ここでは、いわゆる「右」と「左」が対立する軸は、実は、「熱国家」という一つの立場を共有している。私生活主義と官僚制的事大主義というもう一つの「対角線的な交差」は、国家のあり方に無関心でひたすら我が身についてのみ関心を寄せるという点で共通していた。

三番めの例として、小熊英二の『〈民主〉と〈愛国〉』（新曜社、二〇〇二年）を取り上げる。これは、戦後思想の中で、かつてあった「民主」と「愛国」との両立が崩壊していく過程を検証した長大な論考である。

小熊がそこで示した命題は、一九五〇年代の左派にとって、「民主」と「愛国」という二つの価値観は矛盾するものではなく、むしろ重なるものであり、また、「民族」というカテゴリーも左派の言葉だった、というものである。しかし一九六〇年代になると、(日)戦死者のイメージが抽象化して、保守的ナショナリズムのシンボルへ回収されていく、(月)全共闘運動の一部から、侵略戦争の加害責任を軽視する「戦後平和主義」を批判する動きが出てくる、という二つの事態が進行した。「こうしたなかで、戦後思想の特徴だった『民主』と『愛国』の共存状態は崩壊した。一九五〇年代には左派の言葉だった『単一民族』も、一九六〇年代には右派の言葉に転化した」（小熊、八〇三頁）。そして、小熊は次のようにいう。

一般に戦後知識人は、権力機構としての国家は批判したが、ナショナリズムにはむしろ肯定的だった。別の言い方をすれば、彼らは国家という単位とは別個の「ナショナリズム」を語っていた。そうした意味では、「国家に抗する市民」という表現も、当初は一種の「ナショナリズム」として現れたものであり、「国家に抗するナショナリズム」であった。もちろん、丸山の表現を逆転させれば「それをもなおナショナリズムと呼ぶかどうかは各人の自由」だが、何らかの共同性や公共性を想定しているかぎり、広義の「同胞愛」を全否定できるのか一考の余地がある（小熊、八二六頁）。

以上述べてきた三つの事例には共通するものを感じられる。われわれは、その共通点に着目することで、一つの命題を引き出すことができるだろう。「既存の国家のあり方を批判する者（特定の政策への批判であれ、より包括的な体制批判であれ）は、『国家のあるべき姿』について高い関心を抱き真剣に考える、ある意味での『国士』である」と。

「反 - 国家」と「反 - the 国家」

この命題を少し深めるために、国家への批判や抵抗を二種類に分けて考えてみることにしよう。「国家」という政治的枠組みや権力装置を原理的に否定しようとする立場を「反 - 国家」と呼ぶことにしよう。他方、今現前する特定の国家のあり方——特定の体制や政権・特定の政策——を批判しそれに抵抗しようとする立場を「反 - the 国家」と呼んでみよう。「反 - 国家」は、たとえば、世界政府、あるいはローカルなコミュニティ政体など、国家を解体して上位または下位の政体へ政治の単位を変更しようという立場である。国家という存在そのものに対して批判的な立場だといえる。それに対して、ここでいう「反 - the国家」とは、国家という枠組みそのものは問題にせず、その内実を批判し、政策を組み替えたり政権を奪取したりすることをめざす、という立場である。既存の国家の特定のあり方に対して批判的である、という意味で、「the」を付けてみた。小熊がいうような、保守政党が支配する眼前の国家とは異なる種類のナショナリズムを抱いて、別の「国民」のあり方を希求していたのが戦後知識人たちだとすると、彼らは、「国家」という器そのものは自明視していたから、「反 - the国家」の立場にいたといえる。ポスト戦後知識人世代で、脱「国民国家」を唱える流れは、「国家」という枠組みそのものを無化していこうとする点で、「反 - the国家」の立場よりも、むしろ「反 - 国家」の立場に傾斜しているといえよう。

「反 - 国家」と「反 - the国家」との二つの立場を分けたうえで、三つのことを論じておきたい。

第一に、「反 - 国家」と「反 - the国家」との二つの立場は、理念型としては明確に区別されるけれども、実際の人々の運動や思想においては、必ずしもきれいに二分されるようなものではない。事態を複雑にしているのは、後の章でも論じることになるが、近年急速に進展してきたグローバリゼーションのインパクトである。急速に進展する経済のグローバル化が「国民経済」の自律性を掘り崩しつつある中で、国民国家を自明の単位とする政治秩序が揺らぎ始めているのである。数十年前には、「国家」に代わる枠組みを提唱することは、夢想にすぎなかった。しかし、ＥＵ統合や東アジア共同体構想のように、今や、「オルターナティヴ」が現実味を帯びてきている（本書第6章参照）。そこでは、「反‐国家」の立場が一定程度のリアリティをもつようになってきたといえる。とはいえ、さまざまなビジョンには、最終的なゴールの像は複数あるし、プロセスに関する構想も多種多様である。主要な役割を国家に残しつつ、より上位の政治的な枠組みを構築する構想もあるし、国家が担ってきた主要な役割を上位や下位の政体に大幅に委譲する構想もある。それゆえ、「反‐国家」と「反‐the国家」が複雑なアマルガムの形をとったさまざまな構想がありうるわけである。

第二に、幸徳秋水がそうであったように、国家の存在そのものを否定しようとする「反‐国家」の立場の人々は、かえって目の前に存在する国家のあり方に関心が高い（「熱国家」）人々だ、ということである。彼らは、国家の現状について無関心ではいない。国家の諸活動を批判し、国家が紡ぎ出す幻想を叩こうと努める。むしろ、三宅雪嶺や山路愛山らが怒りを込めて描いた、官僚的事大主義や私生活主義者こそが、国家のあり方について考慮することから最も遠いところに位置する人たちなのである。

第三に、国のあり方について真剣に考え、首尾一貫した構想を練り上げたり運動を組織したりして、未来の一つの選択肢を示す主体である、という点では、積極的に現在の国家のあり方を支持する者も、「反‐国家」や「反‐the国家」の立場の者も共通である、ということである。言い換えれば、「反‐国家」や「反‐the国家」の人々は、「愛国」と対極にありながら、実は「憂国」として、「愛国」と同一平面上に位置している。「憂国」という言葉が適切でなければ、今の国家・社会のあり方について真剣に考える人たちということになるだろう。

確かに、当面の政策の可否をめぐる争いや今後の方向をめぐる争いにおいては、さまざまな思想的立場は相互に「敵」となる。政治的空間においてさまざまな思想的立場が闘うという状態は、近視眼的には、そうした抗争は望ましくないもののように映るかもしれない。しかしながら、長期的には、それが民主主義の資源になり、新しい方向へ社会を動かすための複数の選択肢を生み出す活力源になる。言い換えれば、「世の中」に対する見方は多様であるべきで、それが、これからのわれわれがとりうる方向の可能性を広げるということである。

ここでは二つの点でこのことの重要性を強調しておきたい。

一つには、多様な構想が互いに覇を競い合うことこそが民主主義の活性化であると考えるならば、さまざまな思想的立場は、民主主義のための資源であることになる。「望ましい国のあり方」については、論理的に一義的に導き出されるような解がなく、すべての人が特定のビジョンに合意するようなこともありえないから、常に、複数のビジョンが競うことで、国家のあり方が見直されていく必要がある。それゆえ、既存の国家を全面的に支持する者から全面的に否定する者まで、多様なスペクトルの中で、公論が闘わされることこそが、国家の今後の方向についての自動調整機能を果たすことになろう。

もう一つには、時代が求める必要がある。東西二極の固定的な冷戦体制が終わり、グローバリゼーションが不可逆的に進行し、多様なオルターナティヴの可能性が開かれてきた現在は、今後の進展の方向が見えにくい時代になっている。それゆえ、さまざまな思想的立場が複雑に併存している状況こそ、流動的な状況に対応しうる、機動的な世論形成のプールになるはずである。一〇年後・二〇年後の国際的な動向の展開次第では、今はまだマイノリティの運動言説の中や一部の思想家の脳裏にしか存在していなかった新たな秩序が、人々の前に姿を現すようになるかもしれないのだ。

ひたすら国威の発揚をめざしたり、「愛国」を口にして論敵を叩いたりする人間が、長い目でみた時、国家にとってプラスの存在かどうかは慎重になる必要がある。同様に、国家を批判する者が国益にとってマイナスなのかどうか、考えてみる必要がある。戦前の右翼団体の運動が近視眼的な「国益」への執着を生み、彼らが喚起した世論によって社会主義者や自由主義者の批判が封殺されていったこと、それらの結果、社会の自己反省能力が低下して、日本の国策が不幸な方向に進んだことは、重要な歴史の教訓である。

2 「〈市民社会〉の公共性」と「正義の基底性」

第3章でふれた佐伯啓思は、「市民社会」の中で「公共性」を定義しようとすると、全体の利益・関心とはならない、だからその場合、「事項の内容ではなく、ある部分的な関心・利益を調整する制度的なメカニズム、自由な言論や討論を保証するメカニズム」を公共性というしかないが、「この形式的合理性に基づく制度的条件ではやはり『公共性』としては力が弱い」（佐伯 二〇〇二、一五七頁）

と論じていた。だが、仮にそうだとしても、だからといって価値の多元性を放棄する道により大きな可能性があるとは、私には思えない。佐伯が「力が弱い」と切り捨ててしまうこの地点に、われわれはふみとどまって、むしろその豊かな可能性を掘り下げることができないだろうか。個別利害の衝突では全体の〈公共性〉を定義できないとしても、個別利害の多元性を自覚的に保障するという次元に、〈公共〉と呼ぶべき、空間が開かれているのではないだろうか。

実際、齋藤純一によれば、「国民共同体」論と並んで一九九〇年代にせり上がってきたもう一つの「公共性」観が、「〈市民社会〉の公共性」と呼ばれるものである（齋藤（純）二〇〇二、一〇八頁）。従来、「公」というと、国家とパラレルに重なって考えられてきたが、「〈市民社会〉の公共性」は、国家からも経済社会からも区別される、独自の公共性をもったもののことを意味している。つまり、国家とは離れたところにある社会を想定し、そこに「公共性」を見出そうとする動きである。NPOやNGO、ボランティア団体など、「新しい」社会運動などがその例だが、これは、「私」の延長上に「公」があるというようなイメージのものであり、「公／私」という単純な二分法ではくくれない性格をもっている。

ちなみに齋藤は、前著『公共性』（岩波書店、二〇〇〇年）においては、同じものをさして「市民的公共性」という語を使っていたが、二〇〇二年に出された論文では、「〈市民社会〉の公共性」と呼び換えている。ハバーマスが『公共性の構造転換』の中で、一八世紀の西洋における「市民的公共性」について描いたものと区別するためだそうである。齋藤によれば、一八世紀の「市民的公共性」が一元的で等質であるのに対して、「〈市民社会〉の公共性」は、より多元的で異種混交的であるという点に違いがあるとしている。

そうした多元性を保障するような政治社会の原理を組み立てようとするのが、井上達夫の議論である（井上、一九九九）。彼によれば、現代の主要な問題は、もはやマルクス主義が想定したような階級を中心にした利害対立ではなくて、「善き生」についての構想が複数ある中での、それらをめぐる価値対立にある、という。そこでは、「善さ」に関してさまざまな価値観が多元的に存在していて、それらは量的な分配をめぐる妥協のレベルではなく、1かゼロか、すなわち互いを認めるか認めないかといった形の対立の構図をとらざるをえないというのである。つまり、かつて主要な「問題」であった、財や資源をめぐる紛争では、量的な配分が問題の焦点になっていたため、相互の妥協が可能であった。それに対して、近年浮上してきた、価値の多元性を背景とする「善き生」をめぐる対立の場合は、功利主義的な妥協点を見出しえない、というのである。それぞれが、自己の価値観を公共を代表するものとして他者に押しつけようとして争うということになる。

そこで井上は、ロールズの「正義の善に対する優位」という概念を転用して、「正義の基底性」という概念を作り出して、リベラルな政治社会の可能性を追求する。対立するさまざまな「善き生」の構想の中から特定のものを排他的に承認するのではなく、価値観の妥当性と公共性とを区別し、「善き生」が多元的に存在しうるような枠組みを保障することが「公共的価値としての正義」だとする。「人々にとって善き生の追求があまりに重要な問題であるがゆえに、国家は善き生を志向する人々の自律的探求を、従ってまた善き生の解釈の多元的分化を尊重し、多様な善き生の探求を可能にする基盤的条件としての正義の実現を自己の任務とすべきであるという理念に立脚」（井上、一二頁）せよ、というのである。

公共性をもつ価値は、「善き生」の構想とは区別された次元――基底――に存在する正義だと強調する。すなわち、（公共的価値としての正義は）「他の善き生の構想と同一平面で対立競合する善き生の構想の一つではなく、多様な善き生の構想に対する共通の制約として妥当する価値でなければならない」（制約性の要請）、「特定の善き生の構想に依存することなく正当化できなければならない」（独立性の要請）。この二つの要請を満たした公共的価値としての正義が政治社会の構成原理をなすことが、政治社会の公共性を基礎づける、と井上はいう（井上、一〇二・一〇三頁）。

こうしたリベラリズムの立場から、価値対立において人々の共存を可能にする公平な枠組みと、価値志向的存在としての諸個人の尊重との、二つをどう調和させるかという問題について、井上は次のように説明している。

第一に、両者が調和しうるのは、この立場が政治社会にまったくの八方美人的中立性や価値中立性を要求するからではない。そうではなくて、右記の二つの要請を満たすからである。また、善き生の諸構想一般とは異なる次元の諸価値は存在し――生命・安全・自己決定への自由、教育を受ける権利等――、それらは価値志向的存在としての諸個人を可能ならしめる条件として存在する。「独立性の要請を満たす正義原理の正当化は、この次元に属する諸価値が何であり、それらが相互にいかに関係付けられ調整されるかについての理論の構築と解釈を通じて与えられる」とする（井上、一〇五頁）。

第二に、両者の調和は、リベラリズムが価値の世界を構造化すること――善き生の諸構想の公共性要求と妥当性要求とを区別する――によって可能になる。「正義の要求と相剋する善き生の要求は政治的決定の正当化理由としては覆されるとしても、政治権力に依存しない実践の理由としてはなお妥当しうる」（井上、一〇六頁）。

第三に、井上は、「善く生きるとはどういうことか」という問いの解答に関わる価値を「人格完成価値」と呼び、かかる問いを発し追求しうる道徳的人格の可能条件に関わる価値を「人格構成価値」と呼んで、両者を区別する。そして、ここでいう正義の諸原理は人格構成価値を保障することになるので、それを通じて、価値志向的存在としての諸個人の尊重が公平な共存枠組みの基礎になるのだ、と井上は主張する（井上、一〇六～一〇七頁）。

多元性を保障するような政治社会の原理を組み立てようとする井上の「正義の基底性」という見方は、特定の「よさ」の押しつけをなかなか避けられない教育の世界（本書第2章参照）に「正義」の観点から制約をかけるという意味で、とても有用であるように思われる。また、「人格完成価値」と「人格構成価値」との区別も重要である。被教育者自らが「善さ」を追求する「人格構成価値」を尊重した教育を考えるならば、特定の「善き生」の構想に基づいて人格の完成態が詳細に規定された「目標」を設定し、そこに向けてすべての子供たち（や国民）を鋳型にはめようとする教育は、斥けられねばならないというふうな論理を立てることができる。こうしたリベラリズムの考え方は、自分が信じる特定の「善」をそのまま「正義」と安易に等置して、公権力として作用する教育の中にもちこもうとする、教育基本法改正論者たちの考え方とは対極に位置している。

井上は、善き生の諸構想の多様性について、「より善きものが創造され続けるための条件、すなわち善き生を求める人々の営みが停滞することなく不断に更新され発展されるための条件である」(井上、一〇八〜一〇九頁)と述べている。多様性の実現自体は正義がめざすべき目的にはならないにしても、多様性を価値創造の資源とみなすならば、国家が特定の「善」を奉じて善き生の諸構想の多様性を抑圧・縮減してしまうことは、未来の「より善きもの」の可能性を摘み取ることを意味しているのではないだろうか。

3 「愛国心」の再定義

同じ政治空間にともに属しているという感情

ところで、第1節で述べたように、「愛国」と「憂国」とがもし同一次元上に位置するとすると、教育基本法改正問題で「国を愛する心」という言葉で表現されている態度は、国家に対する人々のありうる態度としては、ごく限定されたものにすぎないことに気づかされよう。「日本人の自覚」や「誇りに思う」などとは異なるあり方もありうるし、今後の国家や社会のあり方についての構想にも、相対立する複数のものがありうる。本節では、このような視点から、「愛国心」という言葉を解体し、再定義する試みを行なったうえで、その観点から、「国民国家」批判論やメディアの機能の問題についてふれてみたい。

齋藤純一は、愛国心を論じた論文（二〇〇三）の中で、「愛国心」を再定義してナショナリズムから切り離す、興味深い論を展開している。

すなわち、齋藤は「愛国心」を「自らの属する政治的空間に対する積極的な関心／関与」、あるいは、「同じ政治空間にともに属しているという感情、その空間を外部から隔てることなく、内外にわたる問題連関の認識に立ちながら、それがかかえている問題を民主的な意思形成・意思決定によって解決していこうとする思想と行動」と読み替えて、新たな定義づけを与えている。このように再定義された「愛国心」は、国・国家に対して、以下のような逆説を含むものとなる。

(日)「愛国心」は国家のみに向けられるものではない。「国家が政治的空間を占有しているわけではない」から。

(月)「愛国的」であろうとすると、視界を国境の内部に閉じるわけにはいかない。自分が属する政治的空間というのは、国家を越えるのであるし、「自国の外の世界に関心を持ち、そ（こで）の問題の解決をはかること」が、必要になってくるから。

(火)「愛国心」は、「国民」のみによっていだかれるようなものであってはならない。日本国籍をもたない人でも、政治空間を共有しているのだから、「愛国心」も共有しうるようなものでなければならない。

齋藤は、「同じ政治的空間にともに属しているという感情の形成は、その空間における民主的な意思決定と意思決定のプロセスに参加する途が阻まれていないということを最低限の条件」としており、同時に、「異論を封じない討議によって意思形成がおこなわれ」ることが必要だと述べている。

そこには、当然、「内外にわたる問題」をどういう性格・重要性・連関のものとして考えるかについて、また、「それが抱えている問題」に対してどのような解決の途がありうるかについて、多様な見方が存在する。政治的空間の重層性を考えてもそうであるし、そこに帰属する人たちの多様性を考えてもそうである。従って、その政治空間は、「国民共同体」論者が考えるような一元的なものではなく、多元的なものが折り重なって存在する空間ということになる。すなわちそれが、政治のアリーナであり、「市民社会と国家の間に、そして市民社会内部に、利害のみならず価値をめぐる熾烈な抗争が存在する」（齋藤 二〇〇二、一〇二頁）わけである。

「愛国」と「憂国」が同一平面上に位置づくという私の先の議論は、手あかのついた言葉のゆえに「国民」という呪縛を免れそうにない。だから、むしろ、齋藤のいう「自らの属する政治的空間に対する積極的な関心／関与」という言葉で「愛国心」を再定義するほうがよりよいかもしれない。これを、一般に使われる（以下の章でも使う）普通の意味の「愛国心」と区別して、《愛国心》と表記することにしよう。その場合、問題の定義や範囲、解決策をめぐって抗争する複数の立場の人々は、いずれも《愛国心》を共有している。「敵」は「味方」なのである。

「国民国家」批判論とその問題性

このように考えるならば、《愛国心》をもちながら、眼前の国家のあり方を批判する、ということは、まったく正当なものである。では、その場合、当面の主題として言及せざるをえない「国民国家」というものを、どのように批判することができるだろうか。

第3章でふれたように、一九九〇年代にはポストモダン論や「想像の共同体」論がしきりにいわれ、『国民国家』は歴史的発明だ」と叫ばれるまでになるなど、アカデミズムの世界では、「国民国家」はフィクションにすぎないという見方が定着した。この議論は、「実体としての国家」、あるいは「自然な存在としての国民国家」に依拠する発想がもつ虚妄を鋭く衝き、境界は曖昧であり流動的であるとして、国民国家の脱神話化の役割を果たしたのは確かである。

たとえば、歴史研究に注目すれば、それは共振する二つの方向で展開していた。一つは、「伝統の発明」(E・ボブズボウム)、「幻想の共同体」(B・アンダーソン)、「ナショナリティの脱構築」(酒井直樹)などがすぐに思い浮かぶが、自明視されてきた国民や国民文化といった単位が、さまざまな装置の登場と日常への埋め込みを通して、一種の共同幻想として歴史的に作られてきたものにすぎないことを明らかにし、それによって、相互の境界を侵犯ないし無化することをめざす方向である。

方向の二つめは、国家を構成するメンバーに事実上入っているにもかかわらず、また、場合によっては国家との共謀関係を取り結びながらも、「国民」としての十全な地位を与えられてこなかった被抑圧者――女性、エスニック・グループ、被差別集団――の歴史を「国民国家」との関係で明らかにし、それをとおして、国民や国民文化を一枚岩でとらえるような旧来のイメージを解体しようとする諸研究もなされてきた。

しかしながら、日本ではいつの間にか、むしろ逆に、「国民共同体への復古主義」とも呼べるような歴史観が台頭するようになった。ポストモダン主義者たちが、まるでラディカルな批判をしていると思い込んで同工異曲の言説を作っている間に、「国民共同体の物語」をむしろ意図的・積極的に再創造しようという、右派からの切りかえしのほうが、勢いをもってきたのである（たとえば、最近のものでは、グローバル化のインパクトを明示的に議論に組み込んだ、宮永 二〇〇〇、などを参照）。

幻想としての国家、国家の人為性といったものを指摘する「国民国家の歴史的相対化」の言説の増加がそのまま、システム間の境界やシステム内の一元性を実体的に侵食・解体させるわけではなかった。国民国家の脱神話化を進めた人たちは、「『国民国家』は人為的なものにすぎない」と繰り返すだけではなくて、むしろ、「人為的な創作物であるとすると、どう人為的に作りかえていくのか」について、踏み込んで構想する必要があったのだ（今も、その必要性がある）。そうした方向に議論が深まってこなかったのは、おそらく、言説・表象・意識に焦点を当てて、システムの境界、国民の境界を問題にするアプローチの限界である。このような方法では、政治・経済システムの組み替えには直接的には寄与しえないからである。

萱野三平は、「ポピュリズムのヨーロッパ」という論文（萱野 二〇〇二）で、ヨーロッパ諸国で既存の制度的枠組みからこぼれていく人たちが、排外主義的なポピュリズムの担い手になっていることを描いている。「現代のポピュリズムが示しているのは、脱国民化する国家によって見放されつつある諸部分が、その国家に排外主義的な暴力行使の指針を与えているという事態だ」と萱野は述べている。単純に国家の役割を縮小（社会保障の削減など）していくならば、暴力的な求心性を国家権力に求める声をかえって昂進させてしまうのである。そうであるならば、国家が果たすべき〈生〉の保障の部分をどう再定義して維持・拡張していくのかが重要な課題になる。「国民国家を批判することでナショナリズムを同時に批判できると考える大雑把な発想はもうやめなくてはならない」という萱野はいう。同様に、徐京植は、国民国家の被構築性という議論は大した発見ではないと喝破し、むしろ、「どのような経路をたどって、どのようにして『次の社会』を実現していくのか、そのことを現にある国家との関係でいかに構想するのか」という議論の蓄積が必要だ、と指摘している（徐 二〇〇二）。二人の指摘は、ともに正鵠を射ている。

新たに定義された意味での《愛国心》は国民国家という枠組みを相対化することを含めて、多様な政治・経済システムを構想する可能性をもっている。ただしそれは「日本人の自覚」などとはまったく無縁なものである。

重要となるメディアのバランス感覚

本節の最後に、メディアのあり方についてふれておきたい。

「草の根」の運動に関していえば、かつては、「草の根」の運動自体を「善」と見る見方があったが、実のところは、保守的な運動もあれば革新的な運動もあるという具合に、長い間、政治的に「保守／革新」の二つの流れで系列化されていた。しかし、齋藤のいうような「〈市民社会〉の公共性」という方向性で市民社会が動いてくると、むしろ簡単に系列化されない多様性・多元性をもつようになってきたといえる。つまり、「草の根」の運動という形で組織すれば、どこかでマクロな政治勢力に結びついていくはずだという、かつての単純なモデルではなく、「草の根」の運動自体の多元性・多様性を想定したところから、政治的アリーナの問題を考える必要が出てくるということである。その際、個別の利害や関心が公共の領域のイシューとして上がってくるかどうかは、メディアの選別機能が非常に重要になってくる。

「何が政治的なイシュー」かを定義する『政治』をめぐる政治」の重要な定義者がメディアなのである。下手をすると、メディアがポピュリズムや排除・敵対関係を作り出す、主要な仕掛け人になる可能性がある。この意味で典型的だったのが、北朝鮮の拉致被害者をめぐる一連の報道である。拉致被害者問題の報道が過剰なほどにメディア露出度を高め、その結果、対北朝鮮世論を硬化させてしまい、かえって柔軟な外交的対応の余地を狭める結果になってしまったことは記憶に新しい（姜・宮台二〇〇三、一六五～一七〇頁）。あるいは、二〇〇五年四月に起きた中国での反日デモに関する日本での報道ぶりを批判する園田茂人は、中国の若者が反日一色に染まっているかのような報道や、彼らのうちの過激な主張ばかりを伝えていた点を指摘し、いかにメディアが偏ったイメージで事件を描いていたかを明らかにしている（園田 二〇〇五）。

メディアが作り出す感情的な世論の「雪だるま化現象」を批判した神保哲生は、(日)誰をも引き込む力をもつ衝撃的な映像がある、(月)被害者がおり、感情移入が正当化される、(火)当事者からの反論が不可能もしくは困難、の三条件がそろったとき、「事件に国際性があろうがなかろうが、世論の雪だるま現象が発生し、報道は行きつくところまで突き進むことになる。そして、ほとんど例外なく、世論もその報道についてくる」（神保 二〇〇三）と述べている。

こうした事態を招かないためにも、また、〈市民社会〉の公共性が健全に機能するためにも、メディアのバランス感覚や自制力が決定的に重要である。

4　処罰や排除は教育の可能性を狭める

「冷国家」教員ばかりを作り出す

丸山真男を論じた箇所でふれたように、民権運動が苛烈をきわめた明治前半期というのは、「官」と「民」との熾烈な争いの時代だった。小熊が論じた一九五〇〜一九七〇年代の戦後知識人の時代は、行政と民衆が「公」と「私」という形で争った時代である。しかし、今振り返ってみると、「民・私」

は、「官・公」の「敵」であると同時に、社会の変化にとっての活力の源泉という意味では相互補完的なものだったのではないだろうか。いくつもの敵対的な思想的水脈がぶつかり合い、混じりあったり分れたりしながら、次の時代の思想の多様性が形づくられた、というふうに。先に論じた「敵は味方である」という議論は、そういうことを意味している。

これと同じように、教育現場での合理的で自主的な取り組みが活力をもつためには、多様なものの考え方をする教員集団が必要である。現代の教育現場で処分の対象になっている教員たちのことを考えると(彼らが、自らの信条や理念をそのまま教育で行なっているのではないにしても)、彼らが《愛国心》をもち、真剣にこの時代の教育のことを考えていることは明らかである。教育活動の組織を活性化させたり、教員文化や学校文化の奥行きを広げたりする意味で、彼らは非常に貴重な資源だと見るべきではないだろうか。

図2は、公的なものへの関心を尺度にした場合の教員たちの分布をモデル的に表現してみたものである。「日の丸・君が代」の強制などを大過なくやり過ごしているのは、社会的・公的なものへの関心が低い層で、数としては圧倒的に多い。このような私生活主義の教員は、何も反発を感じないまま、事大主義に呑み込まれていくことになる。上部の複数の円で表されたものが、公的なものへの関心が高い教員たちということになるが、最も左に位置するのは、公権力に積極的に寄り添っていくタイプの教員たちである。筋金入りの愛国主義者もいれば、官僚的従順さで「職責」と考えて積極的にコミットする者もいるだろう。

これより右側に位置するものは、公権力が押しつける特定の「善の構想」とは対立する「善の構想」をもつ者か、特定の「善の構想」が強制的に実現されようとすることをよしとしない者たちである。そのうちの相当数は、東京都の大量処分の例などで見られるように、厳しい管理・処分の対象になっている。このような教員たちが、もし排除されたり、辞職という形で撤退をしたり、萎縮して私生活に逃避して埋没したりしていくようなことが起きる場合、あるいは、権威へ無批判に同調する者ばかりが教員になる／続ける条件になっていくような場合、教育現場は事大主義や私生活主義が蔓延し、硬直した一元的な道徳的価値がタテマエ的に支配することになる。

図2　公的関心の高い教員を抑圧・排除する構造

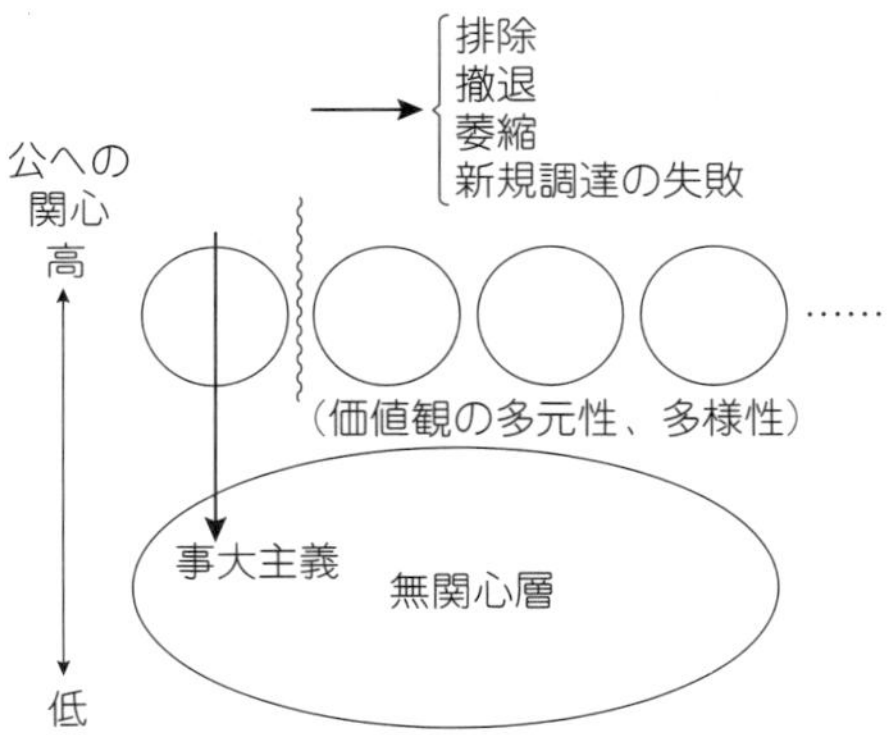

今、現場で起きている「日の丸・君が代」をめぐる対立の本質は、「公」対「私」、ではなく、「特定の公」対「多様な公（への可能性）」であるともいえる。齋藤純一の言でいえば、特定の価値を前提とした「国民共同体」的な「公」と、それとは違う、多様な価値を尊重しようとするさまざまな人たちとの対立である。保守的な「国民共同体」論者たちの中には、自分たちは社会主義的イデオロギーと闘っていると勘違いしている者がいるように見えるが、実際、彼らが攻撃を加えて脅かしているのは、多元的な「善

の構想」を確保したいというリベラルな教育環境である。

私生活主義や事大主義の教員よりも、これからの社会について真剣に考えている、多様な価値観の教員の方をよしとするならば、「思想・良心の自由」を職を賭して守ろうとする教員、すなわち、今、処分されつつある教員こそが、これから日本の多元的で民主的な社会を作っていくための教育にとって、貴重な人材・資源であるといえる。こうした教員たちが教職をやめたり、何も考えない教員が増えるなどの事態が起これば、教育による社会の自己革新力の封殺につながってしまう。それは、教育から「より善きものが創造され続けるための条件」たる多様性を失わせ、「善く生きるとはどういうことか」という問いを発することができる人間を生み出す活力（「人格構成価値」の実現）を失わせることになるだろう（「正答」はすでに与えられてしまうことになるから）。また、そうした事態が続けば、多様な考え方をもつ教員の新規調達に失敗する恐れも出てくる。市民社会的な思想の多様性を保障されない職場には、そういう問題を自問自答しない者ばかりが集まることになるからである。既存の秩序に疑いも批判精神ももたないような者ばかりが教員になる事態が生じかねないといえる。それはかつての「師範タイプ」――謹厳実直だが視野が狭く権威に弱い――の姿を思い起こさせる。

もし教育の場がコンフォーミズム一色になるとすると、現存の秩序の自明視や絶対視しか伴わないし、ひいては、〈主体〉を喪失した個人が蔓延する国家、もしくはナショナリスティックな〈主体〉のみにあふれた国家の現出を招くことになる。そのような国家は、内的には安定しているように見えるかもしれないが、外から見ると、危険な存在でしかない。

つまり、教育の現場で今起きつつあるのは、「the 国家＝公」という公共観のもとで、特定の「善の構想」を受け入れる者だけを選別する　踏み絵　である。その結果、残るのは、私生活主義に逃げ込むしかなかった挫折教員か、従順で真面目だが卑屈な教員たちである。既存の体制を確信をもって支持する一部のタイプを除けば、「冷国家」教員ばかりになる、ということである。そのような教員たちによって教育の現場が動かされるとなると、長期的には、多元的な価値に疎い狭量な国民が形成されることになりかねないのである。

徹底した強制と処分

「日の丸・君が代」をめぐる現状では、「児童・生徒や親には国歌斉唱の参加を強制しない」というのが行政の弁である。行政自身が、「日の丸・君が代」が思想・信条の自由の問題だということを暗に認めているのである。しかし、教員に対しては、職務命令で「日の丸・君が代」を強制しているのは明らかで、これは、教員の思想・信条の自由を制約する以外の何ものでもない。

「日の丸・君が代」強制問題と、その結果としての「教員の排除」が、どのような問題をはらむのかを、前章で少しふれた小野方資の論文（小野 二〇〇四）を例に、今一度考えてみたい。

この事例は、職務命令により、入学式で「君が代」のピアノ伴奏を命ぜられた公立小学校の音楽教師が、思想・信条上の理由でこれを拒否し、戒告処分を受けた後に、処分の取消請求訴訟を求めたというものである。東京地裁の二〇〇三年一二月三日判決では、「公務員であっても、思想・良心の自由はあるから、原告が内心においてそのような思想・良心を抱くことは自由であり、その自由は尊重されなければならない」としながら、「本件職務命令は、本件入学式において音楽専科の教諭である原告に『君が代』のピアノ伴奏を命じるというものであり、そのこと自体は、原告に一定の外部的行為を命じるものであるから、原告の内心領域における精神的活動までも否定するものではない」としている。これに加えて、「思想・良心の自由も、公共の福祉の見地から、公務員の職務の公共性に由来する内在的制約を受ける（憲法一二条、一三条）」という意見が示されている。

この判決を検討した小野は、「本件処分を適法とした判旨には重大な疑問がある」としているが、ここでは、その詳細を紹介することは、繁雑になるので避ける。ここで一点だけふれておきたいのは、「外部的行為を命じるものにすぎない」という判決文の論理がもつ問題性である。

前に、「日の丸・君が代」強制を 踏み絵 に喩えたが、ここで読者には、江戸時代にタイムスリップしていただく。あなたの目の前に踏み絵が置かれ、役人から「これを踏め」と強制されたとしよう。その役人が、「強制しているのは絵を踏むという行為で、内心の自由は侵していない」と言ったとすると、信徒のあなたはどう感じるだろうか。ピアノ伴奏強制事件における判決の論理はまさにそれである。「外部的行為を命じるものであるから、原告の内心領域における精神的活動までも否定するものではない」という理由づけは、「『絵を踏め』という命令は、行為を指示しているにすぎないから、信徒の内面に踏み込んでいない」というのと同じことを含意しているのである。このような理由付けがなされる限り、「思想・良心の自由」は限りなく制約されていってしまうことになる。

「日の丸・君が代」強制の大きな問題点は、教員に「職務命令」という形で種々の強制を強いていることだが、それとは違う形の統制が行なわれている例を、西原博史や三宅晶子が紹介している（西原 二〇〇四、三宅 二〇〇三）。「日の丸・君が代」強制反対の意思を表す小さな青いピースリボンを付けていた教師たちに対し、これが職務専念義務（職務上の注意力のすべてを職務遂行のために用いる義務）に違反するとして戒告処分が行なわれたり、「国歌斉唱」の際に「良心に従って判断してください」と発言した教員が、地方公務員法の信用失墜行為禁止違反で処分されたりしている。「職務命令違反」「職務専念義務違反」「信用失墜行為禁止違反」など、さまざまな形で教員の強制と処分が進んでいる。

今、教育現場で起きていることは、社会や政治の問題を自覚的に考える教員にとっては、居場所がなくなるような事態である。教育基本法に詳細な徳目を盛り込み、「正しい国民」を一元的な目標とする教育は、批判的能力をもった自律的で柔軟な国民を作り出すことに失敗するだろう。教員を「権力に無批判なロボット」にしておいて、しかも、目標としての人間像を一義的に定めておいて、そのような教員がそのような内容や方法で教える教育によって、「自分で判断する能力をもった、多様な価値観を尊重する主体」を作らせようとするのは、奇妙な話で無理がある。「人格構成価値」、すなわち、自律的に判断能力をもち「善は何か」を自ら問える主体の形成を、教育の営みの主眼だと考えるならば、今の改正の方向は愚かな選択だというしかない。

第6章

マイナスになる「愛国心」

1　多様な「国のかたち」

教育は時間的な射程が長い

教育基本法改正論者は、現行の教育基本法を「もう古い」と切って捨て、「これからの時代に適合する教育基本法を」という論を展開している。確かに、五〇数年前に作られた法律よりも、今提起されている新しい案のほうが時代を先取りしているように見えるかもしれない。しかし、私はそうは思わない。第4章では学校や家庭・地域といったさまざまな場の教育にとって教育基本法がマイナスになるということを論じたが、本章ではもっと視点を広げて、われわれの未来の社会にとって、「愛国心」を強調する教育がマイナスに作用しかねないということを論じていきたい。

教育の成果は、時間的な射程が長い。現在教育を受けている子供たちは、二〇年後・三〇年後に社会の中軸として活躍する時期をむかえ、五〇年後・六〇年後にもまだ元気でいるかもしれない。教育ははるかな未来の社会の担い手を作る営みである。

教育の根幹に関わる根本法は、そうした「まだない社会」を見据えて作られるべきである。明治維新後、間もない時期に作られた一八七二（明治五）年の「学制」は、当時の民情にはまったくそぐわないものであった。一九四七（昭和二二）年に作られた現行の教育基本法もまた、非常に理想主義的で、当時の日本社会の状況からは遊離していた。いずれも、「まだない社会」をめざして、高く理想を掲げたものであったといえる。

「学制」はその序文で「邑に不学の戸なく家に不学の人なからしめんことを期す」という理想が掲げられたが、学齢に達した子供たちがほぼ一〇〇パーセント尋常小学校を卒業するようになったのは、ようやく一九三〇年代のことであった（土方　一九九四）。とすると、彼らが歳をとり、高齢世代を含めて「家に不学の人」がいない時代がやってきたのはごく最近だ、ということになるだろう。

同様に、現行の教育基本法の前文や第一条で掲げられた諸理念（たとえば、「個人の尊厳を重んじ、真理と平和を希求する人間の育成」）は、――第2章で論じたように、それを法に規定するのがよいかどうかという別の問題はあるのだが――まだ十分生かされてきたとはとてもいえないように思われる。現行の教育基本法は、理想主義的である分、その精神の実現をめざすための絶えざる努力が要請されているといえる。

確かに、中教審答申で打ち出された方向は、二一世紀に生じるであろう社会の変化を踏まえようとしている。特に、グローバリゼーションへの対応を機敏に取り込んでいる。だが考えてみないといけないのは、「われわれの選ぶことのできる未来は、答申がまとめた方向しかないのか。また、答申がまとめた未来の方向が果たしていいのか?」という点である。教育基本法改正案の方向は、未来に対応しようとするその意図とは逆に、われわれの未来の選択肢を逆に狭めてしまうことになるのではないか。しかも困難がつきまとう方向に。——この点を、以下で論じてみたい。いわば、多様な選択肢がある未来の中から、きわめて限定された、問題のある「未来」が、選択されようとしている。しかも、残念なことに、どういう選択肢があって、どれを選ぶべきかについての十分な慎重さや議論を欠いたまま、それが選択されようとしているのである。

グローバリゼーションへの複数の対応

人・モノ・カネの移動が増加し、人々の相互依存が深まるグローバリゼーションという事態は、重層的で多様な方向への展開可能性を秘めている。人がますますグローバルなつながりの中で生きる世界になってきているという事態——U・ベックが「グローバリティ」globality と呼ぶもの——は、いかに国民国家が抵抗しようが、基本的には進んでいく。同時に、ネットワークや場の具体的な過程(「グローバリゼーション・プロセス」globalization process)に関しては、そこには多様な筋道や逆向きの動きがある。これらを、新自由主義的な原理による資本の世界支配(ベックはこれを「グローバリズム」

globalismと呼ぶ）と同義のものとみなしてはいけない。容赦ない資本の論理の貫徹である「グローバリズム」は、グローバリゼーションの多様な次元・局面の中の一つにすぎないといえる（Beck 2000, pp.8-13）。グローバリゼーションが人々の生活にとって及ぼす影響には、ポジティヴな帰結とネガティヴな帰結との両方がありうる。換言すれば、利益をもたらすものとみなされる部分もあるし、これまでの生活が危機にさらされるという害悪が意識される部分もあるのである。どの国のどういう社会的位置にいる人なのかによっても受けとめられ方は違うし、生活信条や価値観の違いによってもその受けとめられ方は異なる。

グローバリゼーションの進展が一方向の宿命的なプロット（筋立て）にそったものではない、という点が重要である。グローバリゼーションは何よりもまず経済の領域において急速に進み、それが政治や文化にインパクトを与えているのだが、それは両義的（ないしは多義的）なものである。たとえば、グローバル資本主義は、国内経済に対する国民国家の制御力を弱める一方で、国単位でのサバイバル圧力を強めるようにも作用する。国境を越えた人の移動を促進することで、「国民」を前提にした旧来の制度やナショナリスティックなアイデンティティを無効化させていく一方で、先進諸国における階層分解や大量の移住者への不安から、ナショナリスティックな感情や排外的な世論を醸成しもする。大量の情報や商品がローカルな文化や生活様式を根こぎにする一方で、ローカルな文化の再評価の動きも生む。

ここにみられるさまざまな両義性を背景にして、グローバリゼーションの性格・程度とインパクトに関しての多様な評価や、多様な対応構想が登場してくる。それら対立する諸議論を整理したヘルドとマッグルー（二〇〇三）は、さまざまな立場を表1のように整理している。「1 新自由主義派」と「5 国家中心主義派／保護主義派」「6 ラディカル派」との間には明らかに意見の違いがあり、「2 リベラル国際主義派」「3 制度改革派」「4 グローバル変容主義派」には相互に立場が重なるところがあって、ヘルドらは、この重複の部分にコスモポリタン社会民主制の可能性をさがそうとしている。

どの方向が望ましいかをここで論じたいわけではない。重要なことは、グローバリゼーションに対して、われわれがどう対応すべきかについて、もっともらしさを備えた複数の対立するビジョンが存在している、ということである。『グローバル化』によって政治が終焉しつつあるわけではなくて、むしろ政治の領域が再浮上している」（ヘルド&マッグルー、一三七頁）のである。その「政治」とは、（狭義の）政治・経済・文化を含んだ、そして国内／国際の区分を超えた、われわれの住む今後の社会の方向についての重大な選択肢をめぐる「政治」である。

グローバリゼーション、リージョナリズムと国民国家

個々の国民国家を不安定化させるグローバル資本主義の圧力は、トランスナショナルなレベルでのリージョナリズム（地域主義）の動きを加速させている。それは、表1でいうと、「多層型のガヴァナンス編成」を求める「4 グローバル変容主義派」のビジョンに近い動きである。通貨統合を行ない、EU憲法を各国で批准するか否かを決める段階に至ったEUはその最も進展した事例である。ア

諸モデル（要約と比較）

4　グローバル変容主義派	5　国家中心主義派／保護主義派	6　ラディカル派
政治的平等，平等な自由，社会的公正，責任の共有	国益，社会文化的アイデンティティの共有と共通の政治的エトス	平等，共通善，自然環境との調和
ローカルからグローバルにおよぶ多層型のガヴァナンス編成を媒介とした人民	国家，人民，国民市場	自治型コミュニティを媒介とした人民
重複型政治コミュニティにおける多様なメンバーシップの強化，ローカルからグローバルなレベルにおよぶ利害関係者の審議型フォーラムの展開，国際法の役割の強化	国家の政治能力の強化，（必要な場合における）国際的政治協力	民主的ガヴァナンスの編成とならぶ自主管理型の企業・職場・コミュニティ
多次元の民主的なコスモポリタン型政体，すべてに平等な自律性を保証するグローバルな諸過程の規制	国民国家の能力の強化，実効的な地政学	ローカル化，サブナショナルなリージョナル化，脱グローバル化
国家・市民社会・超国民的諸機関の民主化を媒介としたグローバル・ガヴァナンスの再編	国家の改革と地政学	社会運動，NGO，「ボトムアップ」型の社会変革

表１　グローバル政治の

	1　新自由主義派	2　リベラル国際主義派	3　制度改革派
中心的な倫理（諸）原理	個人の自由	人権と責任の共有	透明性・協議・説明責任の原理を基礎とした共同のエトス
だれが統治すべきか？	市場の交換と「最小」国家を媒介とした諸個人	政府・責任に耐えうる国際レジームと組織を媒介とした人民	市民社会・実効的国家・国際機関を媒介とした人民
鍵となる改革	官僚主義国家組織の解体と市場の規制緩和	国際的自由貿易，透明で開かれた国際的ガヴァナンス体制の構築	政治参加の拡大，国民的・国際的意思形成への三者型アプローチ，グローバルな公共財の安定的供給
グローバル化の望ましい形態	最も貧しい人々に対する「セイフティーネット」を伴ったグローバルな自由市場と法の支配	政府間主義という協調体制に埋め込まれ，自由貿易を媒介とした相互依存関係の強化	民主的なグローバル・ガヴァナンスとならぶ規制されたグローバルな諸過程
政治的変革の様式	強いリーダーシップ，官僚的規制の最小化と国際的自由貿易体制の創出	人権レジームの強化，グローバル・ガヴァナンスの改革とならぶ環境規制	集団活動の範囲を高めるための国家と市民社会の役割の強化，ローカルからグローバルなレベルに及ぶガヴァナンスの改革

出典：ヘルド＆マッグルー（2003）

ジアにおいても、東アジア共同体構想、環太平洋共同体構想など複数の構想が動いてきている。

リージョナリズムは、国民国家に対して両義的な性格をもっている。一方では、単独の国民国家がグローバル資本主義の猛威に直接さらされることに対する緩衝材という意味がある。国民国家が抱える不安定さを和らげる役割である。ヨーロッパ共同体（EC）から欧州連合（EU）への改組（一九九三年）や統一通貨の導入（一九九九年）の流れを後押ししたのは、グローバル資本主義の圧力であった。アジアでも、前述したとおり、一九九七年のタイのバーツ危機を契機に、ASEAN諸国相互の相互協力の深化や、日中韓を含めた経済協力の枠組み作りが進むことになった（この点は後述する）。

他方では、各国政府の権限のある部分がリージョナルな政体に吸い上げられたり、域内各国の人の移動が加速することによって、「国民国家」という枠の自律性や自足性を捨てざるをえないことになる。その意味では、リージョナリズムは、個々の国家にしてみるとグローバリゼーションのあらわれとみることもできる。二〇〇五年五月・六月にEU憲法の批准に対して「NO」の結果を出したフランスやオランダの選択は、自国の労働市場への大量の外国人の流入などを警戒する世論に後押しされていた。

リージョナリズムの議論に対してどうすればよいか、という点に関しても、おそらく一義的な解はないだろう。多様な構想や多様な選択肢があり、ある時点での判断が適切であったか否かは歴史を経てみないとわからない――そういう難しい政治的争点なのである。

この節で論じたかったことは、われわれのこれからには、「国のかたち」をどう選ぶかという、難しい政治的選択肢が待っているということである。

私には、現在および近未来が、世界史的にみて大きな転換の局面として映っている。一九世紀後半～二〇世紀前半の「帝国主義」の時代には、宗主国が「国民国家」を形成しつつ、それぞれが植民地の形で残りの世界を分割していった（われわれが自明視してきた近代教育システムの構造と機能はこの時代に作られた）。二〇世紀の後半は、植民地が次々と独立して、世界中が国民国家に埋め尽くされる時代がやってきた。この時期は、資本や情報の移動にはまださまざまな困難があったし、移民が大量に存在した前の時期に比べて、国境を越えた人の移動も沈静化していた。「領土」と「主権」と「国民」とを備えた国境の厚い壁が世界中をほとんどくまなく分割した。――そうした「国民国家システム」とでも呼ぶべき時代が終わりつつあるのである。「国家」という政体の単位がなくなるわけではないだろう。「国家」もその一つの次元にすぎないような、多次元的なガヴァナンスの可能性が強まってきているのである（広田 二〇〇五ａ）。

そこには、これから向かうべき「国のかたち」の構想がさまざまにある。どれが望ましいのかは、国内的な要因だけでなく、当然のことながら、国外の諸条件にも左右されることになる。しかも事態は流動的で不確定である。多様な可能性、多様な選択肢が開かれているから、その選択には、熟慮と機敏な判断とが必要である。

そのように考えてみた場合、教育基本法改正案が想定する「国のかたち」は、狭い、特定の像に絞りすぎている、と私には思われる。閉鎖性が強く、同質性への要求が強い。多元的な価値に不寛容である。また、一国主義で経済競争に勝ち抜くという孤立モデルである。「国のかたち」の選択のようなレベルの議論を開かれた公論の場で討議するような「公共性」の理念も欠いている。「国民共同体」論でタイトに枠をはめた、狭い未来社会像の可能性しか存在していないのである。それはまるで、荒天で潮の流れもわからない海に漕ぎ出す船が、舵を針金で固定してしまうような、そんな愚挙ではないだろうか。

2 マイナスになる「愛国心」

愛国心を喚起する教育を強調するのは、グローバリゼーションの流れの中で、かえって国際化のために重要だ、というのが中教審の答申の立場である。答申文には次のようにある。

グローバル化の中で、自らが国際社会の一員であることを自覚し、自分とは異なる文化や歴史に立脚する人々と共生していくことが重要な課題となっている。このためには、自らの国や地域の伝統・文化についての理解を深め、尊重する態度を身に付けることにより、人間としての教養の基盤を培い、日本人であることの自覚や、郷土や国を愛し、誇りに思う心をはぐくむことが重要である。こうした自覚や意識があって初めて、他の国や地域の伝統・文化に接した時に、自他の相違を理解し、多様な伝統・文化に敬意を払う態度も身に付けることができる。

果たして本当にそうなのだろうか。教育学者の熊谷一乗は、この点に疑問を呈している。「学校での愛国心の強調は、在留外国人への差別感覚、人権軽視を増幅することにならないか、そうしたことが国際化・グローバル化の状況のなかで日本にとって望ましいことなのかどうか、少子化の日本の将来を展望してよく考えてみなければならないであろう。中教審答申では、国際社会の一員として世界に貢献できるためには『日本人としての自覚』『郷土や国を愛し誇りに思う心』が重要であるとされているが、ほんとうにそうなのか、『国を愛する心』を強調することが他国の人々に対する差別感を育ててしまい国際化への対応にマイナスを生じないかどうか、慎重に検討してみる必要がある」(熊谷 二〇〇三)。

「慎重に検討してみる必要がある」と熊谷は述べているが、私の見るところ、明らかにマイナスのほうが多いように思われる。

確かに、一流の芸術家や国際感覚にあふれた政治家などを思い浮かべてみれば、自文化に精通した者が、他文化のすばらしさを感得できる例はいろいろとあげられるだろう。しかしながら、残念なことに、平凡な多くの庶民にとっては、その境地にまで達することは難しい。

実際、NHK放送文化研究所などが参加した国際比較調査グループの「ナショナル・アイデンティティに関する国際比較調査」(一九九五〜九六年)の結果は、中教審答申が想定している予定調和した像とは逆の結果を示している。すなわち、「エリア愛着感尺度」「エリア定着志向尺度」「国の一体性志向尺度」「国民の条件意識尺度」「国意識尺度」「国に対する誇り尺度」「自民族愛着感尺度」といったナショナルな感情は、「国際意識尺度」「エスニシティ志向尺度」「対外国人寛容意識尺度」との間で、ほとんどがマイナスの相関を示す結果になっている。答申が謳っているのとちょうど逆の関係がみられるのである。特に、「国民の条件意識尺度」や「国意識尺度」は「対外国人寛容意識尺度」との間にかなり高いマイナスの相関（−0.366, −0.399）がある（真鍋 一九九九）。自国民であると見なすための条件を高く設定する者（「国民の条件意識尺度」高）ほど、また、自分の国（すなわち日本）を中心に考える者（「国意識尺度」高）ほど、外国人に対して非寛容な態度をもっている、ということである*。

*——この九五年の調査データを分析した辻知広は、「日本人は国だけでなく民族に対しても、きわめて強い帰属意識をもっているが、外国や外国人に対する排他意識はあまり強くない」と述べている（辻 一九九五）。確かに、諸外国と諸尺度の数字を比べてみた場合、そのように言える（真鍋・小野寺 一九九九）。ただ、それは、外国人の在住率がきわめて低いために職業機会やセキュリティなどの身近な問題として考えないですんできたことを反映した結果だと、私には思われる。むしろ、人の移動が活発化していく中で、排他意識が高まるおそれは十分にありうると思われる。

考えてみれば、たかだか十数年の教育の中の、しかもそのカリキュラムの一部にとどまらざるを得ない教育によって、「自らの文化を学ぶことによって、他の国や地域の文化への敬意を身に付けることができる」というところまで期待するのは、机上の空論に過ぎない。教育の力を過信した妄論である。

中教審の答申がいうような文化・伝統を強調する教育を受ければ、確かに、ごく一部のグローバルエリートになっていく者は、自分たちが学んだ自国の文化・伝統を国際的に活動するための「資源」として活用できるかもしれない。しかし、むしろ、平凡な庶民の多くに関しては、妙なプライドをもった自国中心主義者を生み出してしまう結果になりかねないだろう。少なくない生徒たちは、残念ながら、自国の文化の価値が強調される教育を通して、自国文化がすぐれており他国の文化にはさほど価値を認めない、というふうに粗雑に考えてしまうはずである。日本の中で「正しい」「すばらしい」と盛んにいわれるものを外部の視点に立って相対化して二重に位置づける――そういう視点をもつに至るのは、なかなかの難事なのである。「自らの国や地域の伝統・文化についての理解を深め、尊重する態度」を強調する教育は、トータルな帰結としては、「多様な伝統・文化に敬意を払う態度」の形成にとって、マイナス効果をもってしまうだろう。実際、近代諸国家の学校教育におけるナショナリスティックな色彩の強いカリキュラムは、歴史的にみると、多くの場合、他の文化の尊重にはつながってこなかった。これは、かなりの確度で言える経験則である。

愛国心はすでに十分ある

そもそも、「国を愛する心」は、学校教育を通して教えられねばならないほど希薄になっているのだろうか。ＮＨＫ放送文化研究所が五年おきに実施している「日本人の意識」調査の結果を見ると、

図1　日本に対する愛着心（国民全体）

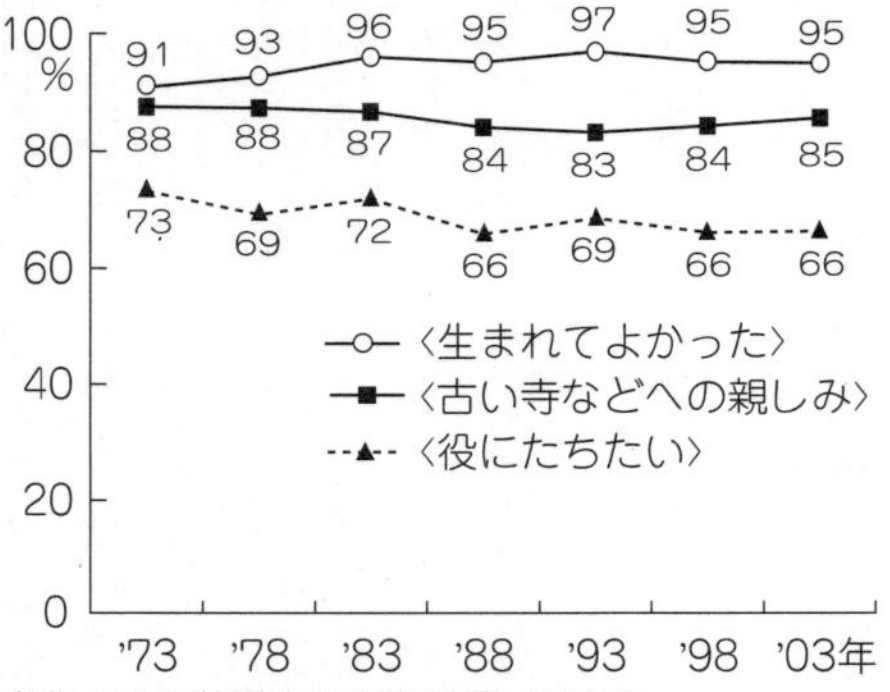

出典：NHK放送文化研究所編（2004）

「日本に生まれてよかった」と思っている人は常に九割を超えている（図1）。内閣府の世論調査でも、「あなたはほかの人と比べて『国を愛する』気持ちは強い方だと思いますか、弱い方だと思いますか」という質問に対し、「非常に強い」「どちらかといえば強い」の割合は、一九七七（昭和五二）年以来、一貫して四五〜五五パーセント前後で、大きな変化はみられない。同調査では、「どちらかといえば弱い」「非常に弱い（全くない）」は、常に一〇パーセント前後にとどまっている（http://www8.cao.go.jp/survey/h16/h16-shakai/2-2.html）。

一九九五年の国際比較調査でcountry（国）への愛着感を比較した結果を見ると（図2）、日本はハンガリーに次いで、国への愛着感が高い人の割合が多い。図は省略するが、愛郷心も国際比較では日本は高い。愛着をもたない人の割合が比較的多い米国や英国と対照的である（真鍋一九九九）。

学校教育での愛国心教育を強調するまでもなく、日本では愛国心はすでに十分すぎるほどあるのだ。大リーグで活躍する日本人への熱狂やサッカーのワールドカップへの関心などスポーツが喚起するナショナルな感情もあるだろう。報道における国際ニュースの少なさや、日本の利益や邦人の活躍・

図２　Country（国）への愛着感

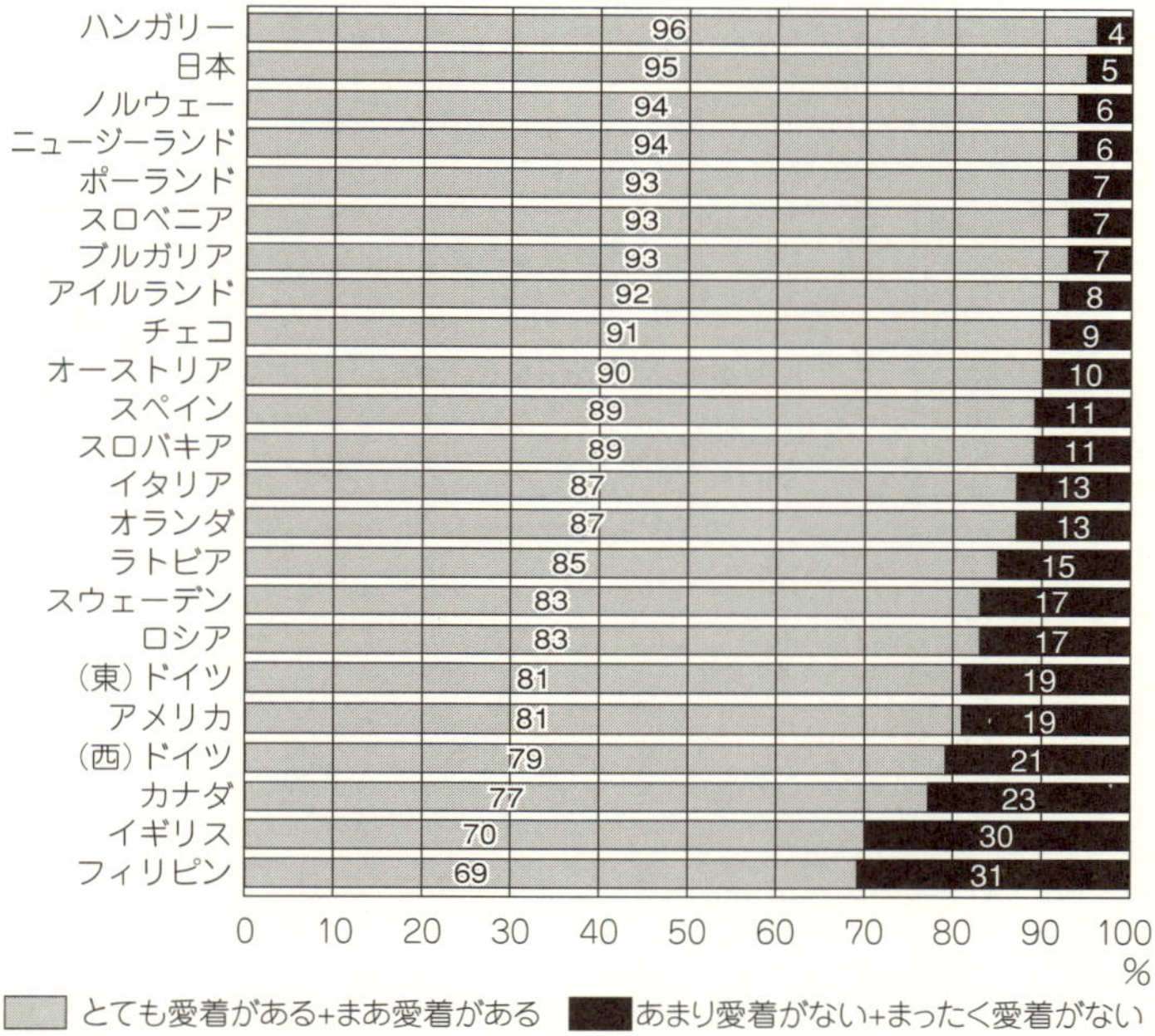

出典：真鍋（1999）

安否にウエイトのかかった報道など、ニュース報道の構造がナショナルな感情を喚起する側面もあるだろう。日本語だけでほとんど不自由なく暮らせる言語状況もまた、人々の日本への帰属感を強めているかもしれない。

だから、「愛国心の不足」などよりも、むしろ、「愛国心の過剰化」（自国中心主義への傾斜など）を心配した方がよいのではないだろうか。このうえになお学校教育がことさら「愛国心」を強調するようになれば、それは容易に自国中心主義の温床になってしまうのではないだろうか。

ＮＨＫの調査結果をみていて気

図3　権利についての知識（回答率）

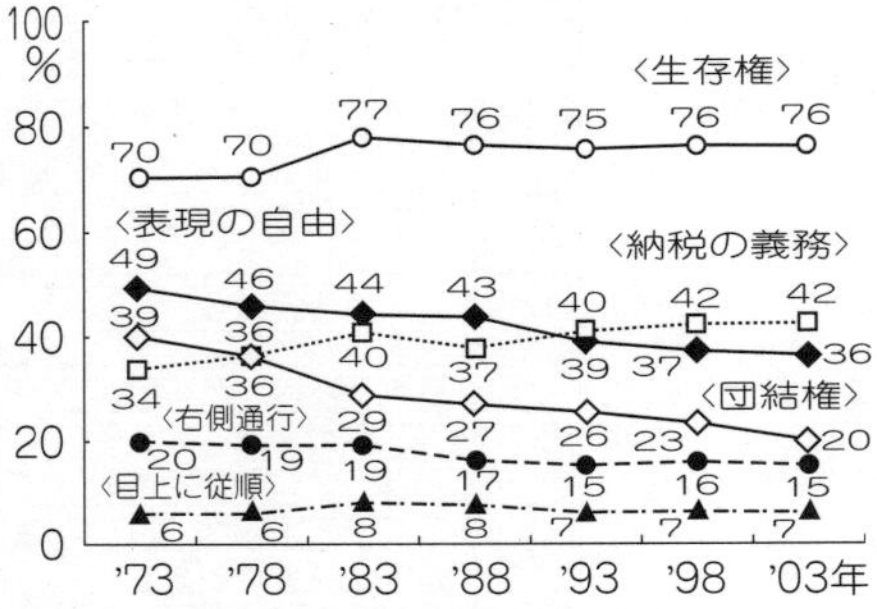

出典：NHK放送文化研究所編（2004）

になったのは、権利に関する正確な知識が国民の間で風化しつつあるということである。図3は、「憲法によって、義務ではなく、国民の権利と決められているもの」を「いくつでも」選んでもらった結果である。〈納税の義務〉を「国民の権利」と回答する割合が次第に増えるなど、「誤答」も気になるが、何よりも、「表現の自由」*、「労働組合を結成する権利」**という権利に関する正答率が徐々に下がってきているのが目につく。近年は保守の論客によって、「権利が強調されすぎて義務が忘れられている」というふうな主張がなされることがあるが、権利に関する正確な知識は、自己の権利の主張だけでなく、他者の権利の承認にも関わる重要なものであり、むしろそこの部分が風化していることは、大きな問題である。内政や外交についての世論で「暴論」が吹き出すことになる土壌になるからである。

*――質問文は「思っていることを世間に発表する」。
**――質問文は「労働組合をつくる」。

「共同体意識」に依拠した秩序意識のローカル性

「愛国心」の問題から離れ、仮に一歩引いて、国際的に活躍する「日本人」の養成が必要だとしてみよう。その場合でも、「国民共同体」論が想定するような、「共同体意識」に依拠した秩序意識を涵養することは、国際社会の担い手の育成としては不適切である。

国際社会は、相容れない異なる規範意識をもった個々人が、どう相互の権利を承認しながらルールを作っていくか、が求められる世界である。中教審の答申にあるような「まずは皆が共有すべきルールを身につけて」という精神では、異質な他者に対応できるわけがない。

この点をつとに指摘しているのが、橋爪大三郎である。橋爪は、このままいくと「日本が世界の異端児（困り者）となって、世界中から目の敵にされるに決まっている」（橋爪　一九八九、二二五頁）と述べる。「いっしょにいること」を根拠にした感性共同体、それが日本人の伝統的な組織原理である、と橋爪はいう。「そこでは、互いが互いに協調しようとする結果、ひとりひとりの違いが目立たなくなる。そして、一体感に支えられた、一様な集団ができあがる。日本社会は、そうした集団がたくさん折り重なってできている」。この集団は、内部に異質な要素を認めないため、常に「内」と「外」とを区別するメカニズムが作動している。そしてさまざまに折り重なった「内」と「外」とが「もう一回調整され」た地点に、日本という共同体があらわれる。橋爪が危惧するのは、「この行動パターンが、民主主義や個性尊重といった近代世界共通の価値と、両立しない」ということである（橋爪　一九八九、二二五〜二二六頁）。橋爪はいう。

日本社会がおそらく、世界中でいちばん、内／外の区別に敏感だろう。その内側では、人びとの差異をなるべく小さくしておく圧力が、いつもはたらいている。異質な要素を処理するのにはコストがかかるが、それを節約しているのだ。

アメリカもインドも、中国もソ連も、みな多民族社会である。国内の、言語・風俗・習慣は一様でない。ヨーロッパはヨーロッパで、諸民族のひしめきあう雑踏のような場所だ。

こういう社会では毛色（！）の変わった人間も混じっているのが当たり前だ。自分と相手の文化が違っているところを尊重しないと、自分の文化も尊重してもらえない。人びとのあいだの差異を処理する技術が、社会のルールに織りこまれている。……文明社会は、自分の内部に異質性を抱えているから、内／外の区別に頓着しない。日本社会はその正反対に、自分の内部に異質なものを抱えこむことを嫌い、そのかわりに「外」を持ちたがる（橋爪 一九八九、二一八～二一九頁）。

こういう橋爪の視点に依拠していえば、「普通の国家」をめざすためには、まず、集団内部に異質な要素をもっと抱えこむこと、そしてそれを許容することが必要である。「国を愛する心」のような共同幻想のセメントで内向きに人間関係を固めるのではなく、それぞれ権利と利害をもった異質な個人間のねばり強いコミュニケーションや交渉が可能になるような社会を作ることだ。「人びとのあいだの差異を処理する技術」が日本社会には欠けているのである。

もし、二一世紀が国家間の競争がより厳しくなる世界であるならば、一致団結してローカルな価値の正当性を弁明することではなく、多様なルールや価値基準の調整という形で集団内ないしは集団間の関係を処理できるような国民になる必要がある。

ついでに付言しておくと、私は、「自国の伝統・文化」を教えるべきではないとは思わない。われわれの生活の現在を理解し、未来を考えるための資源の一つではある。

ただ、それは、世界の地理や歴史に関する知識、三権分立等の政治制度についての知識、理科の電磁気の法則などと同様の位置の、カリキュラムを構成する〈知〉の一要素にとどめられるべきである。〈知〉の一要素という意味では、「伝統」はすでにさまざまな教科で多すぎるぐらい盛り込まれている。(「多すぎる」という私の評価は、グローバル化のさらなる進展を考えて、もっと自国の「伝統」のウエイトを下げて、他国の人々の生活や文化をよりきちんと理解する内容を盛り込んだ方がよい、と思うからである。)

基本法レベルで教育理念に盛り込むということ自体、「伝統」を単なる知識ではなく、道徳的価値のように扱おうとしていることを意味している。「価値観が多様化し変化が激しい時代に、相対的な性質を持つ伝統を尊重の対象とし、これを一つの徳目にまで高めて教育基本法に入れることは不適当というほかはない」(熊谷、二〇〇三)と熊谷は指摘する。私もそう思う。今後、大きく世界が変化するときに、重要な意志決定を迫られた国民が、「伝統」を価値的な徳目とすることで、後ろ向きの決定をしてしまうことになりかねないことは、日本に住む人々にとって不幸だし損だ、と思う。「伝統」はあくまでもさまざまな文化要素の一つとして、ドライに見ていく必要があるのではないだろうか。

3 「東アジアの嫌われ者」

経済連携・経済統合への動き

日本国内で大量に報道される日中・日韓間の国境紛争や、歴史認識問題のかげで、現在、東アジアでは、数年前には考えられなかったような活発な経済連携・経済統合への政治的な動きが進んでいる。「東アジア共同体」という構想が急速にリアリティをもち始めている。それは、一九九七・九八年のアジア経済危機を経て急に浮上してきたものである。

その背景には、グローバル資本主義の進展の中で、国際経済のシステムの変化に対応していこうとする各国・地域が、リージョナルなまとまりを必要とするようになった、という事情がある。

国民国家が地球上を分割する第二次大戦後の世界は、長い間、ドルを基軸通貨とし、自由・無差別な国際貿易を保障するシステムが支えてきた。一九四七年の国際通貨基金（ＩＭＦ）の創設とＧＡＴＴ（関税および貿易に関する一般協定）の締結とがその中心であった。いわゆる、ＩＭＦ＝ＧＡＴＴ体制である。しかし、ドルを固定化したＩＭＦ体制は、米国の国際収支の大幅な赤字によって一九七三年に崩壊した。また、一九八七年からのウルグアイ＝ラウンドを経て、ＧＡＴＴに代えて世界貿易機関（WTO）が一九九五年に設立された。

WTO体制のもとで、自由貿易を堅持するその当初の意図にも拘わらず、一九九〇年代以降に急速に進んできているのが、地域経済協定を締結する動きである。九三年のEU（欧州連合）、九四年のNAFTA（北米自由貿易協定）など、隣接する多数の国を包摂したものもあるし、二国間の自由貿易協定（FTA）も多様な組み合わせで締結されてきた。地域経済協定は、加盟国を優遇し、非加盟国に相対的に不利な扱いをする差別的な貿易協定であるともいえる。だが、世界中で地域経済協定のもとで行なわれる貿易の比率が高まっていけば、そうした枠組みに乗らない国は不利になっていく。東アジアで進む経済連携・統合の動きは、何よりも経済上のリアリズムから出てきている動きであるといえる。

東アジアにおけるFTA締結への動きの推進力となっているものについて、浦田秀次郎は次のように五つの要因をあげている（http://www.rieti.go.jp/jp/special/af/025.html）。

(日) 一九九〇年代以降、他地域でFTAが急速に広まるなか、東アジア諸国は、その動きによって自分たちが不利な扱いを受けると考えた。FTAは、加盟国を優遇し、非加盟国に相対的に不利な扱いをする差別的な貿易協定なので、「FTAを輸出市場の獲得、維持、拡大のための効果的な手段として捉えるようにな」った

(月) 貿易と投資の自由化に大いに興味をもっていたが、一九九〇年代の終わり頃、WTOが期待し

たほど順調に、あるいは、効果的に機能していなかった。「そこで、東アジア諸国は貿易と投資の自由化を進める新たな手段を模索し始めます。FTAは、その結果見出された一つの効果的な代替手段だったのです」。

㈫東アジアで一九九〇年代終盤に起きた「金融危機の経験から、地域協力の重要性とともに貿易や投資の自由化の重要性が強調されるようにな」った。

㈬国内の規制緩和や政策改革を押し進めようとしている日本をはじめ多くの国々にとって、FTAは「きわめて有効な外圧」となりうる。

㈭東アジア諸国間、とりわけ日中間における政治的な対立・競争関係。「中国とASEANがFTA締結に向けた交渉開始に合意した翌日、日本はASEANとのFTA、より正確には経済連携協定（EPA）の締結を提言しました。ASEAN諸国間においても競争があります。タイとシンガポールはFTA締結に積極的に取り組んでいますが、これは、域外国とFTAを締結することによって、ASEAN全体の通商政策における主導権を握ることができるからです」。

ASEANから東アジアへ

こうした地域経済協力にいち早く踏み出したのがASEAN（東南アジア諸国連合）であった。一九六七年に結成されたASEANは、一九九六年九カ国に拡大、九九年にカンボジアが参加して、すべての東南アジア諸国を包含するものになった。一九九〇年にマレーシアのマハティール首相（当時）

が経済協力の必要性を提起し、東アジア経済グループ（EAEG）構想が打ち出されたが、米国の反対で挫折した。一九九三年からAFTA（アセアン自由貿易地域）が動き始め、一九九八年には「ハノイ行動計画」が採択されたのに続いて、二〇〇三年のASEAN首脳会議では、「ASEAN協和宣言（2）」が採択された。同宣言では、二〇二〇年を目標に安全保障、経済、社会・文化の三分野で「ASEAN共同体」を創設することが合意された（蜂谷隆『東アジア共同体』を展望する——経済統合から多層的展開へ（上）」（http://www.asahi-net.or.jp/~HB1T-HCY/thesis53.htm）等を参照）。

このように、まずASEAN諸国間で経済協力と共同体構想が進むなか、そこに日中韓が加わる形で東アジアの連携が進んできた。一九九七年にはASEANに日本、中国、韓国の三カ国が加わるASEAN＋3の会合が始まった。二〇〇〇年五月にタイのチェンマイで開催されたASEAN＋3蔵相会議における「チェンマイ・イニシアティブ」では、九七年のバーツ危機の教訓から、通貨危機から経済を守るため二国間の通貨スワップ取引のネットワーク構築について合意がなされた。それは、経済連携の大きなステップであった。二〇〇一年末にWTOに加盟した中国は、ASEAN諸国とのFTA締結を積極的に進めた。二〇〇二年にはASEAN主要六カ国との間で二〇一〇年までに、後発四カ国とは一五年までに、FTAを締結することで合意した。日本も慌てて追随する形で、FTA交渉に本腰を入れ始めた。

日本政府が初めて「東アジア共同体」に言及したのは、二〇〇二年一月に、ASEAN五カ国訪問の際、シンガポールで小泉首相が演説をしたことに始まる。翌〇三年一二月の日本・ASEAN首脳会議では、「東アジア・コミュニティの構築に向けた東アジア協力の深化推進」を掲げた東京宣言がまとめられた。いわば、ASEAN一〇カ国と日中韓三カ国で、東アジア共同体を作っていくという国家戦略が明確になったことを意味している。

二〇〇四年七月のASEAN+3外相会議に日本が出したペーパーには、「『コミュニティの形成』は、今や東アジアにおける共通の将来的目標になっている」というふうに書かれ、年末の経済連携促進関係閣僚会議では、自由貿易協定（FTA）の役割に、「東アジア共同体の構築」促進を掲げることが決められた。年末にはフィリピンとのFTAが合意に達し、看護師・介護士の受け入れを決めた点で、大きな意味をもっていた。今年（二〇〇五年）になって、その流れはいっそう加速している。五月二三日にはマレーシアとのFTA交渉が合意に達した。タイ、韓国、インドネシアやASEANとの間での協議・交渉も進んでいる。五月二五日の国際交流会議では、中国の呉儀副首相やシンガポールのリー・シェンロン首相、マレーシアのアブドラ首相らが、いずれも東アジア共同体の構築に向けた積極的な姿勢を打ち出した（『日本経済新聞』二〇〇五年五月二五日夕刊）。年末には東アジア首脳会議がマレーシアで予定されている。

野党の民主党も、二〇〇五年四月に党の経済外交プロジェクトチームが、経済外交基本方針（中間報告）として、『東アジア共同体を機軸として「アジア太平洋連合構想」を展望する』と題した文書をまとめたのに続いて、五月一八日には岡田克也民主党代表の名で『「開かれた国益」をめざして――アジア、そして世界とともに生きる――』という文書が出された。『「開かれた国益」をめざして』では、「私たちは、自国の平和と繁栄や国民の安全と豊かさを、一人勝ちのかたちで直接に求める、ゼロ・サム的な国益概念で外交を進めるべきではない」とし、代わりに「開かれた国益」という概念を掲げている。そこでは、二〇一五年を展望して、「アジアでは東アジア共同体がその歩みを一段と踏み固め、世界の成長センターとなって」おり、「多くの国で民主化が進展し、政治的安定性も高まっている」という東アジア像が示されている（民主党HPより）。

日本経団連は、二〇〇三年一月の『活力と魅力溢れる日本をめざして』というビジョンの中で「東アジア自由経済圏の実現」を提唱している。経済同友会は二〇〇四年一〇月に「東アジア経済共同体（EAEC）の設立を前向きに検討し、行動することを提言する」という共同声明を採択している（蜂谷隆「『東アジア共同体』を展望する――経済統合から多層的展開へ（上）」http://www.asahi-net.or.jp/~HB1T-HCY/thesis53.htm）。

このように、ここ二、三年で事態は大きく動き出している。東アジアのリージョナリズムの進行は、予想外に加速し、一昔前には絵空事にすぎなかった「東アジア共同体」構想が、現実味を帯びてきているのである。

もちろん、さまざまな問題はある。「冷戦の残滓」である朝鮮半島の南北分断問題と中台問題とは、依然として重要な問題として続いている。また、中国の経済成長と新たなナショナリズムの台頭を背景として、日中韓の間の緊張は、冷戦の終焉後において、今が最も高まっているといえる。また、経済連携・経済統合の緩急や方法、メンバーシップの範囲など、不確定で流動的な要素は多い。各国の思惑の違いや、ＦＴＡ交渉における農業問題にみられるように、各国内の利害の調整も難しい。また、東アジア諸国は、ＥＵ諸国よりもはるかに生活水準の格差が大きいから、経済連携から共同体にまで歩が進むのは、今後数十年の射程の長い長い時間がかかるはずである。

しかしながら、アジアにおける地域経済協力からいずれ地域共同体へ、という流れは、日本だけの意思で拒否できるようなものではない、不可逆の流れになっているように思われる。

二〇〇〇年一二月にまとめられた教育改革国民会議報告（「教育を変える17の提案」）や、その方向を継承して二〇〇三年三月にまとめられた中教審答申の方向の国家像には、近年急速に進んできた東アジア諸国の連携・統合へのこのような動きが十分反映されていない*。「グローバルな競争に勝ち抜く」ことは展望されているが、「ネーションの枠組みを変化させよう」という姿勢は見られない。「外国に出て行って活躍する日本人」というのは想定しているが、「日本に来て住む外国人」というのは、ほとんど考慮されていないことが、その端的なあらわれである。いわば、教育基本法改正案が描く今後の見通しは、それが作られた時にはもはや時代遅れになってしまったのではないだろうか。二〇〇三年三月にまとめられた中教審答申が想定していた「国のかたち」は、一九九五年七月の第一五期中教審答申「21世紀を展望した我が国の教育の在り方について（第一次答申）」のそれを基本的に踏襲している。いや、もっとさかのぼって、一九八〇年代半ばの臨時教育審議会が描いていた国家像とほぼ重なるものである。外交次元での急速な新展開を、教育政策立案者たちがくみ取りきれなかったのはやむをえないとはいえ、ポスト国民国家時代の大きな流れを読みまちがえた、「国のかたち」を描いているように思われてならない**。

*――この点は、教育改革国民会議第一分科会の議論の問題点として、小玉重夫が適切に指摘している。「国家＝国民＝市民という等式が崩れているというグローバルな状況を認識していない」（小玉 二〇〇三b、一〇九頁）と。

**――仮にもし、今後遠からず日本で憲法が改正されるとするならば、そこでは、今述べたようなアジアとの関係が盛り込まれることになるだろう。そうすると、新憲法と改正された教育基本法との理念上の不整合が生じることになるのではないだろうか。

アジアとの関係の多様な可能性

本章の冒頭で論じたとおり、教育の成果は十年後、数十年後という、長いタイム・スパンで考える必要がある。教育基本法改正の方向をまとめた中教審答申が出されてしばらく後の二〇〇三年五月に、私は次のように書いたことがある（「未来を閉ざす教基法改正案」『朝日新聞』二〇〇三年五月二九日）。

今回の「改正」は、朝鮮半島の緊張関係がどういう形であれ落ち着いた後の、東アジア社会における日本のあり方までをも規定してしまう選択である。答申が描く教育像は、「日本人であることの自覚」という同質感や帰属意識を持つ国民を形成するための教育を目指している。それは、グローバル化が進む世界の中で、これからの国民国家のあり方としては非常に内向きで閉鎖的な方向であるといえる。いわば、均質なアイデンティティを持つ者だけからなる、外との壁が厚い国民国家を目指していることになる。

しかし、長期的にみると、これからの数十年の間に、国家を越えた人の移動がさらに活発化し、文化や経済や政治の仕組みが複数の国家をまたがって共有されていく方向に向かう可能性は、大いにある。個人のアイデンティティは、国家を超えたり、国家をまたがったりした、より普遍的なものになっていく可能性がある。答申が描く国家像は、東アジアで日本が孤立する道につながるかもしれないのである。

もちろん、愛国心で国民の一体性を強めつつ、経済的に高いパフォーマンスを維持していくことで、東アジア共同体の実質的な覇権を握る位置をめざす、という道はあるだろう*。現に保守派の「東アジア共同体」構想には、そういう雰囲気がたっぷりとある。だがそれは、もしその方向で進めるならば、アジア諸国の内部の反日と結びついたナショナリズムに、これから新鮮な「課題」を与え続けることになる。「アジアの人たちが日本に望むものに応える」というのではなく、「日本がアジアをどう利用するか」という関係にとどまるからである。それは、過去の歴史ではなく、これからの日本が、歴史的遺恨になる係争の火種を撒き続ける存在になることを意味している。いわば「東アジアの嫌われ者」への道である。数十年先までにらめば、日本の覇権主義は、「アジア共同体」内部で「新植民地主義」とみなされ、必ず強い反発を生むことになるだろう。

*――たとえば、二〇〇四年五月に設立された「東アジア共同体評議会」では、愛国心教

育の必要性をさんざん主張してきた中曽根康弘元首相が会長に就任した。

「国民国家」としての同質性と閉鎖性を強化しながら、アジアとの連帯を急がない、という道もあるだろう。米国との関係を重視し、アジア諸国の動きには適度の距離をおいてついていくという道である*。しかしながら、それは、急速な統合や共同体形成のプロセスで日本が後手後手に回ることを意味している。共同体形成に向けて重要な役回りも果たせず、中途半端な位置にとどまり続けることを意味している。中国やASEANがもっと力をつけてきた時には（あるいは日本が経済的に困難になってきた時には）、下手をすると、共同体形成の大きな流れから置き去りになって、日本は孤立してしまうかもしれない。姜尚中は、そうした日本がアジアのなかで孤立していく可能性を次のように指摘している（姜 二〇〇三、六九頁）。

＊――たとえば、古田博は、「（東アジア諸国との――広田）連帯を急げば急ぐほど、彼らのナショナリズムは増長するであろう」と述べ、「東アジア諸国のナショナリズムがまだ生々しいうちは、我が国はことを急ぐべきではない、といってもよいのではないだろうか」「現時点では各国と等距離に、そして中庸で望むにしくはないと心得るのである」（古田 二〇〇四、一〇五頁）と論じている。

たとえば日ロ関係、日中関係を見ても、決していいとは言えないですね。日ロ関係もずっと問題がありますし、日中もいまいいとは言えません。日本と朝鮮半島も、日韓関係は非常に良好なんですが、これが統一されて少しずつ日本離れが進み、「離米」というのが朝鮮半島のある種のコンセンサスになってくると、北東アジアのなかで日本が孤立してしまいます。
しかも東南アジアは中国と自由貿易協定を結ぼうとしている。そうすると、東南アジアから北東アジアにかけて日本が孤立してしまう。

平等で対等な「共同体」像に向けて、性急に日本を開いていくという道もある。しかしこれはこれで容易な道ではない。ドラスティックな転換を可能にするための、さまざまな社会システムがまだ整備されていないし、労働市場や社会保障、治安などの面の不安を払拭する材料は、まだ揃っていない。私個人としては、この立場にシンパシーを感じるし、平等・対等でしかもコスモポリタン的な寛容さの原理は、長期的に見た時の国（民）益にとって十分ペイするものだと思っているが、仮にこの方向に進むにしても、急進的な主張は主張として、実際の歩みは漸進的なものにならざるをえないであろう。

重要なことは、さまざまな理想や可能性が併存しているということである。だから、必要なことは、未来の可能性を「オープン」にしておくことだと、私には思われる。特に、教育という時間軸が長い領域ではそうであるべきだ。かつての東西対立の時代は、ある意味で、どう対応すればよいかについての選択肢に安定性があり、状況は持続的であった。今や、不透明な「霧の中の時代」に入り込んでいる。リージョナリズムの展開の可能性自体が多様にありうる。数十年先の像も、そこに至るプロセスもまだ不確定である。流動的に変化しつつある状況に対して、多元的な価値に基づいた議論を尽くしながら、柔軟に対応していくことが必要である。そのためには、将来の「国のかたち」を狭く決めすぎないことが必要なのではないだろうか。そうした観点からみると、教育基本法改正案が描く「今後の日本」像は、融通がきかない狭さを帯びてしまっている。

柔軟な対応の足を引っ張る

改正案が「国を愛する心」の涵養を謳っている点は、「今後の日本」像を「柔軟な方針の切りかえができない狭さ」に閉じこめる役割を果たしてしまいかねない。アジア諸国も同様だが、国民の大半が愛国心にあふれたナショナリストというのは、決して好ましい国ではない。外交的な交渉において譲歩すべき好機に、ナショナリスティックな国内世論がそれを許さず、お互いに妥協の糸口が見出せない「チキン・ゲーム」のようになってしまうことは、しばしばみられることである。そうした二国間の交渉の行き詰まりが、お互いにとって何の得にもならず、かえってまったく関係のない他の国を利してしまうこともよくあることである。

「愛国」が国益にそわないという典型的な例が、小泉首相の頑固なまでの靖国神社参拝が引き起こしている外交問題のこじれである。それぞれの国・地域のナショナリズムや民族感情がアジアの連携・統合の障碍となっているとすると、日本はいち早くナショナリズムを弱めたり、歴史認識の違いの問題に決着をつけたりして、外交上の交渉力を高めることが、長期的な未来の国民にとっての利益であるように私には思われるのだが。

また、ナショナリズムは外交に関する世論を動かすだけでなく、容易に内政上の排外主義や差別主義として機能してしまう面も見落とせない。グローバル化をにらんだ外務省の経済局審議官が、「いま、日本政府は外国からの投資を誘致しようといろいろな政策を施しています。……人も来ます。その人たちに、いい環境を提示できないと、国際競争において、投資立地でハンデを負うことになります」（三輪外務省経済局審議官『外交フォーラム』二〇〇三年六月号）と述べているが、ナショナリズムは来住者への「いい環境」を作る障碍になり続けることであろう。いわば、愛国心を涵養する教育は、その代償に、柔軟な交渉や活発な交流促進の阻害を生んでしまうことを覚悟しないといけない。

もちろん、未来の可能性を「オープン」にしておいて柔軟に対応していくためには、東アジアとの連携を強めることを主張する勢力だけではなく、それに対する慎重さを求める勢力も必要かもしれない。性急な改革が、国内の労働や生活に致命的な影響を与えてしまう危険性は常にあるからである。しかし、国境を閉ざそうとするそうした動きが、自国・自民族中心主義のようなイデオロギーに基づく限り、システムの設計をめぐる理性的で合理的な問題としてではなく、原理主義的で排外主義的なポピュリズムに結びついてしまいやすい。国をあげての愛国心教育は、そうした「草の根の排外主義」の温床を育てることになってしまうのではないだろうか。

徳も得もない

グローバリゼーションの展開とその対応としてのリージョナリズムの急速な進展によって、「国民国家」が自明の完結した単位だった時代の国家観は修正を余儀なくされるようになっている。本章では、今起きつつあるそうした事態をたどりつつ、教育基本法改正の答申が想定する「国のかたち」が狭くて、今後の事態の展開についていけるものではないのではないか、と論じてきた。答申の描く国家像は、「国民国家システム」時代のままの、「単一民族」的で閉鎖的な国家観を引きずっている。それは、われわれがこれから選んでいくべき「国のかたち」の選択肢の一つにすぎず、また、それは長期的に見て好ましいものかどうかはわからない。それは、「東アジアの嫌われ者」あるいは「アジアの孤児」の道につながってしまうかもしれない。私には、「この方向は、徳も得もない」と思われてならない。

第7章

不透明な時代のための「政治教育」

教育基本法第八条第一項の実質化

第3章で紹介した山崎望は、「『われわれ』の形成過程で外部に放擲され、内部で抑圧された『他者』の声に絶えず耳を傾ける」ような、「同質性や安定性に基礎をおかない民主主義」を提起していた。第5章で紹介した井上達夫は、特定の「善き生」の構想を排他的に承認するのではなく、「善き生」の構想が多元的に存在しうるような枠組みを保障することが「公共的価値としての正義」の条件だとしていた。

しかしながら、「よさ」を一義的に決めてしまわないリベラルな社会は、下手をすると、露骨な私益や偏狭な信念間の力づくの闘争の場になってしまったり、イメージやプロパガンダで大衆が極端から極端へ振れるポピュリズムに足をすくわれたりする危険性を、はらんでいるように思われる。抑圧された集団や被害者イデオロギーで自己を正当化する集団が、相互に自分の利益を政治的権利として主張していく結果、公共性が定義できないという、佐伯啓思の危惧（第3・5章参照）は、リベラルであろうとする社会が現実にもつ困難さの一面を適切に言い当てているように思われる。

だからといって、ナショナリズムによって、個々の〈私〉に優越する〈公〉を立てようとする「国民共同体」論にいくのは問題が多いし、長期的にみて得策ではない（第3〜6章参照）。では、どうすればよいのか――。この章は、〈私〉の多元性を確保しながら公共空間に人々を呼び戻すためには教育に何ができるのか、という視点から、今後に向けた一つの提案を行ないたい。

ここでの私の提案は、「現行の教育基本法第八条第一項（第二項ではない）をちゃんと実質化しよう」というものである。もっと端的にいうと「子供たちに今の政治のことを考えさせる教育をしよう」ということである。

奉仕活動の義務化が議論された教育改革国民会議の議論に関して、小玉重夫は、「個人と国家との二項対立的把握を前提に個人が国家に対して義務を果たすという側面に比重をおいて議論され、市民が国家の意思決定に参加しそこで政治的判断力を行使するという側面が軽視されている」（小玉 二〇〇三b、一〇九頁）と述べている。適切な指摘である。国民国家であれ、ポスト国民国家であれ、民主的政体に必要なものは、賢明さと適切な批判能力をもった被統治者（それが同時に主権者でもある）であることは、明らかである。二〇世紀には主要な政治単位であった国民国家が今後どうなっていくにせよ、ローカルなレベルの政体（たとえば道州制）でもリージョナルなレベルの政体（たとえば東アジア共同体）でも、ともかくいずれにせよ必要なものは政治的に賢明な判断をしうる人々である。政治の主体ということである。

私がこの本を書くために教育基本法関係の資料に目をとおしていた時、教育基本法ができて間もないころの朝日新聞社説の一節が目にとまった。それは、次のようなものである。

民主政治においては、国民の一人一人が主権者であり、一人一人の判断が国政に物をいうのであるから、一人一人の国民の政治的教養如何が、国政の善悪をきめるのである。それゆえ国民は依らしむべし知らしむべからずの専制政治はもちろん、依らしむべく知らしめる立憲政治でもいけないので、自主自立自発的の自己判断をもつ国民を育成しなければならないのである（『朝日新聞』社説「教育の政治的中立性の正体」一九五三年九月九日。鈴木・平原編 一九九八、九九七頁より引用）。

五〇年以上も前に書かれた言葉だが、それが時代をめぐって、ようやく現実味と必要性を帯びた時代がやってきているのではないだろうか。「国」という単位はあの時代と違って自明なものではなくなりつつあるのだが。

現行の教育基本法第八条は、次にあるように、「政治教育」に関する規定である。

第八条（政治教育）　良識ある公民たるに必要な政治的教養は、教育上これを尊重しなければならない。

二　法律に定める学校は、特定の政党を支持し、又はこれに反対するための政治教育その他政治的活動をしてはならない。

価値の多元性や利害の多様性をそのまま受け容れる「同質性や安定性に基礎をおかない民主主義」がもし可能であるとすると、その条件の一つは、社会の中のかなりの人たちが、政治的な教養をもっていることであろう。

何が「政治的教養」と呼ばれるべきかは難しい。「国内・国際両面に関わる政治の制度やしくみ、憲法の中身や法の体系に関する基本的知識、……」などと、カリキュラムのほうから考えていくこともできる。「どういう政治的立場に立つにせよ必要な、合理的で批判的な政治的分析・判断能力、……」などと、主体の能力形成のレベルで考えていくこともできる。私なりの強調点は後述する中で出てくることになるが、定義そのものはここでは避けておきたい。藪の中に分け入りそうな難しい問題がいくつもあるし、今後の多様な深め方を残しておきたいからである。

冷戦期の遺産

現行の教育基本法第八条第一項で政治的教養を尊重する規定がありながら、現在の教育では、生徒たちの政治的教養を高める機能は、きわめて低調である。現代社会が抱える、政治的係争点をはらんだ問題は、カリキュラムから慎重に遠ざけられ、教員もなかなか現代的なトピックに踏み込めず、道徳教育とよく似た一般論に終始するか、無味乾燥の知識伝達にとどまっているのではないだろうか。

さかのぼってみると教育の場から「政治的なるもの」がきびしく制限・排除されるようになったのは東西冷戦期からである。「冷戦構造が定着する一九五〇年代後半以降、教師を政治的関係から独立、あるいは中立の存在としてとらえる傾向が官民双方における戦後教育言説の主流を形成してい」る（小玉 二〇〇三a、九四頁）。「官」の側の動きとしては、一九五四（昭和二九）年に大きな反対を押し切って作られた、いわゆる教育二法*と、教育基本法第八条第二項を根拠としたいくつかの通知・通達などがある。

*――義務教育諸学校の教職員に特定の政党等を支持または反対させる教育を行なうことを教唆扇動した者に懲役または罰金を科すという「義務教育諸学校における教育の政治的中立の確保に関する臨時措置法」、公立学校の教育公務員の政治的行為の制限を国家公務員並みに強めようという「教育公務員特例法の一部を改正する法律」である。実際には、その後この教育二法によって処分された教員はいないが、「法の存在自体が教師に対する無言の圧力となり、教師の自由を抑圧する働きを示したことはたしかであった」（大田編 一九七八、二一三～二一九頁）。

行政は第八条第二項を根拠に、通達・通知という形で、教員の政治活動や教育現場での政治的な色を帯びた教育に対する厳しい制約を課してきた。文部省大臣官房総務課長通達「教育基本法第八条の解釈について」(一九四九年六月)、文部事務次官通達「教育の政治的中立性の維持について」(一九五三年七月)、文部事務次官通達「高等学校生徒に対する指導体制の確立について」(一九六〇年六月)、初等中等局長通知「高等学校における政治的教養と政治的活動について」(一九六九年一〇月)などがそうである(鈴木・平原編、九九四~一〇四三頁に所収)。また、一九五八(昭和三三)年以降、学習指導要領に法的拘束力が付与されたことも、決定的に重要であった。

もう一方で、「民」の側でも、右記の統制強化によってあからさまなイデオロギー教育ができなくなっただけでなく、「教育的価値」の自律性を強調する教育学理論がヘゲモニーを獲得したり、人々の教育要求が脱政治的な回路で教育運動に結びつけられるようになったりした(小玉 一九九八)こともあって、教育の政治離れが、一九五〇年代後半~六〇年代に進んでいった。六〇年代末の学園紛争の中で、高校紛争も頻発し、そこであらためて「教育の政治的中立」が強化されていったことも、教員・生徒の政治離れに拍車をかけることになった。

柿沼昌芳は、一九九五年に多くの反対を押し切ってフランスがムルロア環礁での核実験を行なったことに対して、某高校の生徒会が文化祭で反核署名を集めようとしたが、学校がそれを中止させた、という事件を紹介している。それによると、学校は「教育の場で、高校生が政治的に行動するのは問題が多い」と説明したという。また、この事件について論評した教育ジャーナリズムの『内外教育』は、「反核という特定の政治的課題について、署名という実践的活動を行うことは、やはり政治的活動というべきであろう」と述べ、一九六九年の通知「高等学校における政治的教養と政治的活動について」に言及していたという（柿沼 一九九六）。

このように、教育活動の現場では、特定政党の支持や反対にとどまらず、少しでも「政治的」な含みのあるものは徹底して排除・敬遠されるきらいがある。教育基本法第八条第一項は棚上げ・骨抜きにされ、第二項が圧倒的な力をもって教育現場を支配しているというのが、教育の今の状態である。

「政治的な教育」が可能になった時代

当時の保守派が述べていたように、東西冷戦が生んだ左右のイデオロギー対立の結果、一九五〇年代の教育行政が「教育の中立性」を厳しく打ち立てる必要があったのは確かである。体制派／反体制派は、そのまま、世界の二極対立の陣営に組み込まれていく状況にあったからである。

しかし、今や冷戦体制は終わりをつげ、状況は大きく変わっている。「教育」の場に、慎重にではあるが「政治」を呼び戻すべき時が来ている。

冷戦体制の終焉によって教育にもたらされたものは、大きくいって、二つあると考えられる。

一つは、関曠野がいうように政治的教養を深める教育のチャンスが到来した、ということである。美辞麗句にとどまらざるをえなかった現行の教育基本法が、冷戦の終焉によってやっと活かせる時がやってきた、というのが関の基本的な見方である（関 二〇〇〇）。そして、特に、冷戦の終結によって、民主的な政治を担う市民を育てる政治教育がようやく可能になったというのである。「冷戦期には政治とは即左右の党利党略とプロパガンダの政治のことだったので、公正中立を旨とする学校教育では政治教育は棚上げとならざるをえなかった」。しかしながら、「冷戦の終結は、普遍的な政治的教養という理念の予期せぬ復活につながった。今日では、党派にかかわりなく、人権、複数政党制と選挙に基づく議会制民主主義、市場経済、法の支配は大多数の国で普遍的な意義をもつものとして認められている」（関 二〇〇三、七〇・七一頁）、と関は述べる。

橋爪大三郎も、愛国心を教える問題について論じた論文の中で、愛国心の問題とは別に、民主主義の教育が必要になっていると述べている（但し、「民主主義の教育は、従来の学校文化を否定しなければ、不可能である」という断り書きをつけているが。橋爪 二〇〇三）。

ともかく、冷戦の終焉によって、左翼教条主義は終焉した。今ではもはや教条主義的な教員はほとんどおらず、教育現場の人々はもっと現実主義的な方にシフトしている。仮に教条主義的な政治信条を信奉する教員がまだ残っていたとしても、彼らが現実にそれを教室でリアリティをもって教えられるような余地は、もはやない。そうした冷戦最盛期に政治的に社会化された教員たちも、世代的に見ると、いずれ（少なくとも、あと数年で）引退する。今や、東大総長が「学生運動が活性化してほしい」と述べるようになった時代である。

むしろ、私にいわせると、現代では、教員の政治的関心の風化をこそ問題にしたほうがよい。「教育の中立性」の名のもとで教員文化が脱政治化していくとともに、教育内容の縛りもきつい。それだけでなく、社会全体の脱政治的な風潮の進展によって、公務員たる教員もまた、ノンポリ・私生活主義に漬かる者が多くなった。

小玉重夫は、価値相対化時代の教育の中に、教員に広がるシニシズムを読みとっている。そのシニシズムとは、「外部へ出て普通《ママ》性や真理をもとめることが断念され、日常生活内部の規範やルールの虚偽性、フィクション性を自覚しつつ、冷笑的にそこに居直る」ことである（小玉 二〇〇三b、六七頁）。小玉にいわせると、それが教員の価値観を教育内部に閉ざされたものにしてしまう。

> この教師の役割への居直りが、教師が自分の教育実践を啓蒙的理性という裏づけなしに語りだす始まりであったのではないだろうか。そこでは、子どもといかにしてかかわることができるかや、子どもとどういう関係をつくることができるかということだけが教育実践の価値をはかる基準となっていく。それに対して、何が教えられるかや、子どもにとってそれがどういう意味があるのかということは、それ自体としてはあまり問われなくなってくる。そういう教育の内容的なことは抜きにして、子どもといかにうまく関係がとれるかどうかという、教育の方法的なことそれ自体に意味があるという考え方が勢いを得ていく（小玉 二〇〇三b、六七～六八頁）。

私にいわせると、手段にすぎない「教育関係・方法」を、自己目的化してしまう動きだ、ということになる。いわば「教育内容」という点で学校の外に限りなく広がっているはずの世界に目をつむり、教室内部に狭く閉じこもってしまうものである。

それは、本来複雑で広がりのあるはずの社会や政治の問題を、道徳や規範の教え込みへと矮小化してしまう、教育基本法改正論者たちの視点と相同的である。世界をどう認識するべきか——そこには本来、一義的な解はない。多様な価値観や多様な利害に満ちたこの世界でどのように生きていくべきか——そこにも一義的な解はない。シニシズムの源泉は、この点にある。しかし、「一義的な解はない」ということと、「解はまったくない」ということは、意味がまったく異なる。一方、道徳論者は、まるで一義的な解があるかのようにみせようとする。しかし、世界はそんな単調な世界像で説明できるものではない。

子供たちは、自分なりに「この世界をどう認識するべきか」という問題を立てて、自分なりの解を見出していくことになるのだ。教育現場での教育関係論・方法論の至上化と、道徳や規範を教えれば社会や政治の問題がうまくいくかのような議論とは、ともに、子供たちがそれぞれ自分で立てるべき重要な問いがあることを忘れてしまっている。

社会や政治のあり方に、ごく限られた数の「正しい答」がある時代は終わった。「支配的なイデオロギー」にとらわれず、どういう答がありうるのかを自由に考えられる時代が来ているのである。反体制的な教員が、イデオロギーに塗り固められた特定の世界観を教えよう、という時代ではもはやなくなった。政治に関する教育に関して怖いことがあるとすると、それは国家が「正しさ」を公定してしまうことのほうである。それを避けることを重要な条件としたうえでの立論であるが、イデオロギーにとらわれずに政治への知識・関心を高める教育が可能となったといってよい時代がやってきたのである。

流動的で多元的な政治的選択肢

今述べたように「政治的な教育が可能になった時代」であると同時に、現代は、「政治に関する教育が必要になった時代」でもある。

第一に、冷戦体制の終焉とグローバリゼーションの進展とによって生じた、現在の政治の読みにくさである。

東西冷戦を反映した一九五〇年代の日本における階級対立の時代が去った後は、西側陣営の一員としてアメリカの核の庇護の下にあり、経済システムとしては、一国経済発展主義に専念することができた。利益誘導型の自民党政治は都市／農村の格差の問題を政治的なイシューとしてではなく、行政的な問題として処理することを可能にした。左翼政党との対立も、経済成長が好調に続く限り、政治的な対立を利益の分配の問題によって妥協させていくことが可能だった。国民国家の厚い壁の中で、経済成長による利益の調整・配分問題——そこでは、中央統制のもとで経済成長を重視する右の側と、地方分権を志向し福祉や再分配に軸足をおく左翼という、安定した対立の構図ができあがった。

そうした中で、多くの国民は、「国の方向」に無関心でありえた。体制のフレームがはっきりしており、政治的な選択肢も明確だった。同時に、一九七〇年代初頭までの経済の高度成長はいろいろな社会問題について、「いずれは何とかなる」という楽観を人々がもつことを可能にした。二度のオイルショックも危機的な状況は生み出さず、一九八〇年代まで日本経済は堅調な伸びを示し、それが、行政を介した再配分・調整を可能にした。

政治的イデオロギーの対立軸が明確で、しかも、経済成長がさまざまな問題を解決可能にしていたのである。だから、国民は、政治的な関心をもたなくても、別に差し支えがなかったし、政治に関する教育も不要だった。

ところが、今や、社会体制に関する安定したモデルが見えなくなってきている。第3章で紹介した、山崎望がいうところの「政治の政治」の見取図が不在になっているという状況である。

では、現在、われわれの視野の範囲に、社会体制の選択の争点として、どのような主要な選択肢が見えているのか、いくつかの政治的な次元での例を思いつくままにあげてみる。

●外交関係の選択

前章で述べたように、対米関係を軸にした旧来の枠組みがある一方、それとは別の、「アジアとのつながりの強化」という、新しい軸が登場しつつある。国民国家の垣根の強化（国内の統合による安定）という新保守主義的な動きと、国民国家を超えたまとまり（国際的な協力による安定）の形成という、新しい動きとがある。

●政府の性格付けの選択

今の日本では、英米の新自由主義型の改革の指向が強い。「市場原理による　競争　のマネージャ

表1　福祉国家／社会保障のモデル

分類	特徴	例	基本となる原理
A. 普遍主義モデル	●大きな社会保障給付（特に社会サービスの比重大） ●全住民対象 ●財源は税中心	北欧 イギリス（→Cに接近）	「公助」（公共性）
B. 社会保険モデル	●拠出に応じた給付（特に年金・現金給付の比重大） ●被雇用者中心 ●財源は社会保険料中心	ドイツ、フランスなど	「共助」（相互扶助、共同体）
C. 市場型モデル	●最低限の公的介入 ●民間保険中心 ●自立自助やボランティア	アメリカ	「自助」

出典：広井良典（2003）

ーとしての政府」というモデルである。ヨーロッパの社会民主主義型の政・労・資の協議に基づく合意形成のシステムというモデルも考えられる。日本でも、それを支持している人たちがいる。もちろん、これまで作られてきた「日本型」のシステムを維持しようとする勢力も強い。

●福祉国家／社会保障の選択

家族と企業に多くを負わせてきた福祉・社会保障を今後どうしていくのかは、大きな課題である。広井良典（二〇〇三）が示す表1で見るように、普遍主義モデル、社会保険モデル、市場型モデルといったように、ここでも、いろいろなオプションがありうる。

このほかにも、いろいろと重要な政治上の争点はありうる。山崎望がいうように、「政治的なるもの」の領域は流動化しているし、集団的な境界線や敵対関係の構造も常に変化する時代に入っている。国政を単純なイデオロギー上の左右の軸で評価して、その両極の間で綱引きをする時代は終わった。さまざまな組み合わせの中で、流動的で多元的な政治的選択肢が浮上し、その都度、難しい判断が迫られる時代になったといえる。政治の図式はいくらでもねじれたものになる可能性がある。たとえば、旧来の保守層だけでなく、「左翼」といわれる人たちも、目先の雇用の確保・安定や生活水準の維持などに心を奪われてしまうと、ナショナリズムの陣営に立つ可能性がある。もう一方で、急展開するアジアの情勢をにらみながら、覇権主義的に国境を越えようとしている右派と、平等・対等を求めて超えようとしている左派が同床異夢で、国内の法や制度の性急な改革を求めるかもしれない。サブ政治で公／私の既存の境界線を「政治化」するのは、右派も左派も同様である。官僚統制を批判したり地方分権を称揚するのも、右派・左派の明確な区別がみえなくなっている。

もはや、左 - 右の単一の軸を想定して、「正しい答えはどちらか」という、わかりやすい二者択一（あるいは「その中間」の選択）の時代ではなくなっているのである。「どのような選択肢がありうるのか。何が適切なのか」という政治選択を、国民が十分に熟慮して判断しないといけない時代に入っているのである。

大人たちでさえ判断が難しく、一義的な解のない政治・社会問題がたくさん噴出してきているとすると、未来を担う子供たちは、人生の早い段階からそのような重要な問題群を、自分たちが生きていく世界の一部として引き受ける準備をしておく必要がある。これは、「オトナになる」ということの筋道の中に、政治に関する教育を行なうことを組み入れる、ということである。戦後の教育は、かえって、子供たちを政治から遠ざけるものでしかなかった。この点は、次項で改めて述べる。

政治的無関心の広がりとコドモの隔離

政治的な教育が必要になっている第二の理由は、国民全般に、政治への無関心が危機的なまでに広がってきたことである。

図1　政治的態度の類型（国民全体）

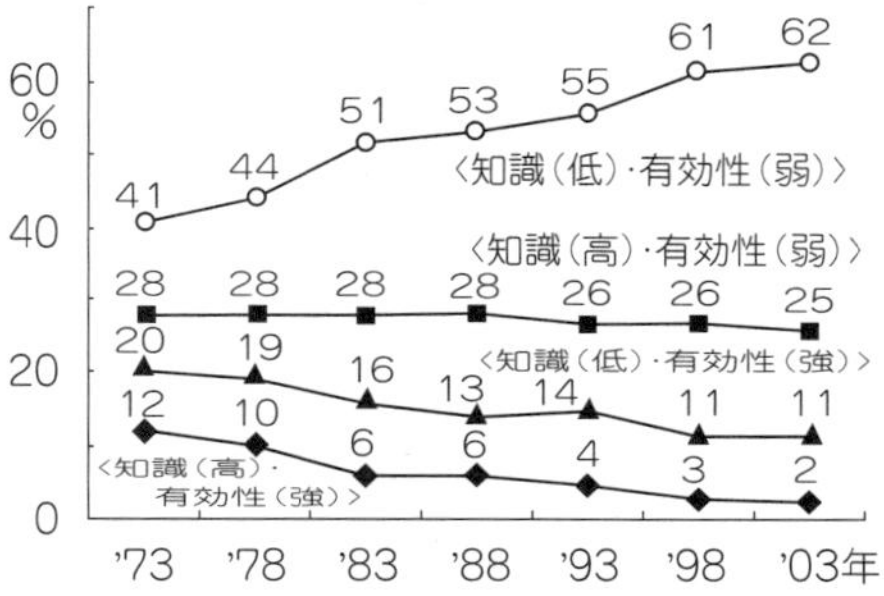

出典：NHK放送文化研究所編（2004）

図1は、国民の政治的知識や関心がどのように変わってきたかを調べたNHKの調査である。政治的知識と有効性感覚*がともに低い人の割合を見ると、一九七三年の四一パーセントが、二〇〇三年には六二パーセントにまで上がっている。時代を追うにつれ、政治的知識と関心の両方が希薄化してきているのがよくわかる。冷戦体制下に政治に無関心でありえた風潮が拡大していった結果、今では、政治的知識も関心もすっかりなくなって、かなり深刻な状況になっているといえる。メディアの報道によって簡単に民意が動いてしまう「ワイドショー政治」の底流には、こうした政治についての無知・無関心の広がりがあるだろう。

＊——政治的有効性感覚とは、「自分たちの何らかのアクションが政治に影響を与えることができる」という感覚のことである。この調査では、「国会議員選挙のときに、私たち一般国民が投票することは、国の政治にどの程度の影響を及ぼしていると思いますか」「私たち一般国民の意見や希望は、国の政治にどの程度反映していると思いますか」「私たち一般国民のデモや陳情、請願は、国の政治にどの程度の影響を及ぼしていると思いますか」の三つの質問の回答にそれぞれ点数を与えて、その合計を尺度としている。

第三に、前に述べたような学校教育の中から、「政治的なもの」が徹底して排除されていったために、リアルな政治への知識や関心をもてないまま、多くの若者が大人になってきている、ということである。現代のさまざまな問題の複雑さや難しさと向かい合わないような「公民分野」（中学）や「現代社会」「政治・経済」（高校）は、多くの子供たちにとっては単なる暗記科目でしかない。それらを目の前の現実の政治や社会と結びつけ、批判的な判断力を形成できるところまでいくのは、彼らの中のごく一部分にとどまる。

それどころか、先述した柿沼が紹介する例が端的に示しているように、学校が実際に果たしている機能は、「政治からの隔離」である。一八歳に至るまで（最近は大学を卒業する二二歳まで？）彼らを「コドモ」扱いして、具体的な政治から遠ざける機能を果たしている。

問題は、その間に、彼らの世界観や人間観の大きな部分が形成されていく、という点である。思春期を迎えた子供たちは、「自分さがし」を始めるようになる。特に、現代は、性急に「自分らしさ」をもとめる社会になっている。十代後半にさしかかる子供たちは、いやおうなしに「自分らしさ」という手がかりで、この世界を解釈し、その中に自分を位置づけようとする。それは、職業への志望や部活動への専念のようなものもあるし、学校の外で、性に関する世界に近づいたり、消費空間での消費者になったりする子供たちもいる（広田 二〇〇三a）。しかし、「大人の世界」から切り離された、学校空間の中にも友人関係や消費の世界などの「自己形成」の空間にも、いずれも現実の生き生きとした、しかし同時に複雑さに満ちた、「政治」が登場してくる局面はない。すなわち、今の学校も、身近な人間関係も、消費空間も、いずれも、非政治的な脱色された世界なのである。それらの狭い世界の中に、子供たちは「本当の自分」を位置づけていくことになる。彼らは実際の「政治」と接点をもつ機会もなく、世界観を形成し、オトナになっていっているのだ。

　こうした経緯によって、生徒たちの「政治への無知・無関心」が進行していく。今の学校は、ほとんどの子供たちにとって、〈政治的無能化〉の装置として機能しているといえるのかもしれない。保守派の論者の中には、教育基本法があまりに「個人」を尊重してきたために、私生活主義に走る子供が増えたとする議論があるが、私にいわせると大事なことを見落としている。教育基本法第八条第一項が骨抜きにされ、少しでも「政治」の匂いがするようなものは学校の教育活動で徹底的に禁止・自粛されてきたために、子供たちは身の回りの狭い世界を「世界」として見るしかない状況にとどめおかれ、公共的課題を自分の頭でどう考えたらよいかわからないままに大人になっている――子供の世界を大人たちが脱政治化しておいて、「社会のことに関心がない」と子供たちを非難するのだから、それはマッチポンプというべきである。

「私」の世界から「公」の領域へと子供たちを呼び戻すためには、現実の課題にふれさせ、考えさせる経験が必要である。日本では、「高校生がデモに行くのはとんでもない」という風潮があるし、実際、一九六九年の通知はそういう趣旨で出された。何か教育問題が起きるたびに政府の政策に抗議して、高校生が何万人もデモをするフランスなどとは実に、対照的である*。

*——民主党が現在掲げている選挙権の一八歳への引き下げ案は私は賛成だが、そのためには、本章で述べているような政治に関する教育がもっと盛んになる必要がある。高校生たちを政治からまったく遠ざけたまま、選挙権年齢を引き下げたとしたら、「ワイドショー政治」の裾野を広げるだけで、ポピュリズムや極左・極右の予備軍を作るだけになってしまいかねない。学校の教育活動において、政治に関する教育が大幅に許容されるようになることが、選挙権の年齢引き下げの必須条件だと思っている。

冷戦体制期に、行政は、政治に関わる教育を厳しく厳しく解釈して、少しでもふれそうなトピックは一切行なわせない、というような体制を作りあげてきた。しかし、今や、「革命を企てる教育」を心配するよりも、「現実社会や政治についての認識を深めない教育」をどう変えればよいのかを考えないといけない。教育現場が現実の政治にふれることを過剰に取り締まるのは、「羹に懲りて膾を吹く」ようなものである。「いかにすれば子供たちが政治について真剣に考えてくれるか」という課題に本腰入れて取り組まないといけない時代なのである。

政治教育の三つの可能性

政治に関する教育が必要になってきていることが了解されたとすれば、次に検討してみないといけないのは、政治に関する教育をどのように行なうべきかという点である。さまざまな論議が必要で、ここで本格的に考察する余裕はない。とりあえずここでは、大ざっぱに次の三つの政治に関する教育の可能性を考えてみる。

(日) センシティヴな問題にふれない――価値対立を含まない事項に狭く限定していく。冷戦体制下で一九五〇年代以降進んできた方向が、これである。

(月) 教育の場に一定の「自由度=許容範囲」を認め、その代償として、教員ごとの力点や視点の違いを認める。

(火) 国が一律に、センシティヴな問題について「正しいもの」を提供する。

(火)のケースが、長期的な民主的な主体の形成にとって最も不利益であることは疑いえない。現在行なわれている(日)の方法が、看過しがたい政治的な無知・無関心を生み出してきているとするならば、(月)が妥当な方向ではないだろうか。

㈫が最悪だというのは、戦前の日本やナチス・ドイツで行なわれた教育の例、あるいは社会主義国のイデオロギー教育の例で見られるように、国家や行政にオーソライズされたイデオロギー教育は、いずれ民主主義を破壊してしまうという、誰もが納得する理屈で理解できよう。国家が学校を政治的プロパガンダとして利用した国家は、政治的な批判能力や判断能力を国民から奪うことで、いずれ大きなツケを代償として払うことになるだろう。

それだけではない。むしろ、冷戦期と違って、明確な軸でのイデオロギー対立の構図が描けない時代になったからこそ、国家によるその「占有」に警戒的になる必要がある。国家権力と真正面から対峙するような、有力な対抗イデオロギー勢力がない状態においては、国家による政治的イデオロギーの正当性の「占有」は、容易に「一人勝ち」の結果を生んでしまいかねないからである。

「国のかたち」に関する有力な対抗イデオロギーをもたない国家は、さまざまな「サブ政治」の動きを選別しつつ、無害化した部分を民衆の下からの自発性の調達手段として、たえず体制の中に吸収していくことになるだろう。「正しい政治」「正しい社会」を一義的に国家が規定してしまうとすると、自らの支配の正当性を教育システムで露骨に伝達していくことになる。それは、時代や状況の変化に応じて根本的な批判や見直しをすることが、きわめてやっかいであるような事態を招き寄せてしまう。

換言すると、一元的な政治像や社会像が国民の大半を覆い尽くすような政治的な教育が与えられた時には、既存の優勢なイデオロギーを相対化する機会が社会に十分にない社会が生まれてしまいかねないのである。それは、民主主義の機能不全を起こすし、国のあり方の選択肢を判断したり、議論したりする枠が、非常に狭くなってしまう。前に述べた通り、政治的な判断が流動的で難しい時代になっているからこそ、社会の中に多元的な意見が存在し、状況の推移に応じて柔軟な世論が形成される土壌を確保する必要がある。

もし(月)の方向で行くなら、これからやるべきことは明白である。教員の「教育の自由」の程度を拡大するとともに、国家や行政が教育に不当な干渉をしないように、国家や行政のほうを制約することである。行政も含めた「不当な支配」を排除する、現行の教育基本法第十条の精神をあたらめて確認し、それを実質的に作働させることである。

「政治教育」の方向性を探る

では、政治的判断主体を育成するための「政治教育」はどのようなものであるべきか、もう少し具体的に考えてみることにする。

教育基本法改正派が主張するような、「正しいもの」を国定して徳目を教え込む教育像では、子供たちは受動的な立場に置かれるだけで、批判的な能力も備えた自律的な政治的判断主体に育っていくことは難しい。大人たちでさえ判断が難しく一義的な解のない政治・社会問題がたくさん現れてきているとすると、何百万人の子供が同じ「答え」を学ぶようなことは、いくらその「答え」が大多数の人が「正しい」と思うことであっても、世の中にそれなりの合理性を備えた異論や異説が存在する限り、決して望ましいことではない。そうではなくて、自らの社会が抱える課題について、自分なりの価値選択や判断ができる主体を作ることを教育の目標にするべきである。

また、政治的判断能力を育成するためには、「問題の多面性・複雑さ」を縮約しすぎないことも必要である。答えの難しい複雑な社会的・政治的問題に対して最も重要なことは、当事者のさまざまな立場に身を置いてみて、「どういうふうに問題が複雑なのか、また、どういうことを念頭に置いて、最終的な価値判断をしないといけないのか」を知ることである。ただしこれを実際の授業で伝えようとすると、教員の力量や工夫、思考の柔軟さや自由さが求められる。少なくとも、次の三点は重要だと思われる。

❶一定の「自由度＝許容範囲」を教育の現場に与える必要性

最も重要なことは、前述したように、一定の「自由度＝許容範囲」を教育の現場に与えることである。教育の自由、専門性への信頼といったものが肝心で、それなしに政治教育を実践することは難しい。

現在、中教審教育制度分科会地方教育行政部会では、教育委員会のあり方が議論されている（「地方分権時代における教育委員会のあり方について（部会まとめ・概要）」二〇〇五）。そこでは、「教育に求められる要件」として「政治的中立性の確保」が掲げられていて、それは大枠としては重要な命題であることは疑いがない。しかし、問題はそれより後の議論である。その一つは、「政治的立場から意見が分かれる事項」にはふれてはいけない、とクギが刺されていることである。しかし、現実に起きている政治的な問題は、さまざまな意見や選択肢が存在するのが常であり、それは、子供たちから現実の社会をますます遠ざけるものである。これでは政治に関する教育の可能性は開けてこない。

また、同議論では、教育指導の仕方について、教育委員会が「授業改善を支援」するとされている。これは一見すると、望ましそうにみえるのだが、実は、教育内容・方法に対する教育行政の全面的な統制という要素を含んでいる。下手をすると、地方議員の圧力などで徹底した教育現場の管理がなされたり、教育委員会や校長が「予防」的な措置に出て、教育内容や方法を過剰に統制する、といった問題が懸念される。

興味深いのは、日本経済団体連合会（経団連）が二〇〇五年一月に出した、「これからの教育の方向性に関する提言」という教育基本法改正のプランである（http://www.keidanren.or.jp/japanese/policy/2005/003/honbun.html）。この提言では、「有権者教育としての政治に関する教育の充実」が提案されている。選挙のたびに若者の投票率の低さが問題にされるように、確かに、若者を政治的知識と関心をもった有権者にしようという教育をめざす点で、この主張には同意できる。

しかしながら、この経団連の教育ヴィジョンは、もう一方で、国が教育内容を決めるべきだとし、また、教育委員会に教育基本法第八条第二項の規定の趣旨を徹底させるべきだといっている。それは右に述べてきた意味で、民主的な政治的主体を形成するための政治的な教育の可能性を封じるものであって、チャレンジングな政治教育の実践は期待できないどころか、教室の中の教育が政権を掌握した政党の「政治的キャンペーン」の場になってしまう道を、ひらいてしまいかねない。

問題の焦点は、一つには、学校現場の教育内容・方法に教育行政が関与しすぎると、教育実践の多様な可能性が封殺されてしまうのだが、特に政治に関わる教育では、国家の関与・介入は、民主的社会にとってきわめて危険である、という点である。もう一つは、現行の教育基本法第八条第二項の「特定の政党を支持し、又はこれに反対するための政治教育その他政治的活動」という文言の解釈・運用の幅の問題である。経団連の提言に限らず、「教育委員会で教育基本法第八条第二項の趣旨を徹底すべし」という主張は後を絶たないが、第八条第二項の「特定の政党を支持し、又はこれに反対するための政治教育その他政治的活動」という文言は、運用次第でポジティブにもネガティブにも機能する。現代のリアルな問題を教材として扱おうとすると、いくらでも拡大解釈されて問題視されるケースが出てきてしまうとすると、教育の可能性を封殺してしまうことになる。公共的な課題について子供たちに考えさせようとする教員たちを窒息させてしまわないことが重要である。

以上のように、行政による過剰な統制が民主的な日本社会の維持発展にとってマイナスであるとすると、これに歯止めをかけるためにも、教育現場の自律性や教育実践の自由度を保障する仕組みが必要である。

❷「教え込む教師」ではなく「政治的コーディネーターとしての教師」

このように書くと、「教育現場を自由にさせると、極端な政治教育をする教員が出てくるのではないか」という心配がどうしても浮かぶかもしれない。極端な政治教育や一方的なイデオロギーの教え込みは、子供たちにとって確かに有害である。どういうイデオロギーにせよ、注入的な教え込みは、それが成功すれば盲信＝主体性の喪失を意味するし、失敗すれば幻滅＝ニヒリズムや反発を生み出してしまう。そもそも「善さ」を自らさがす、という「人権構成価値」を損ねるものになってしまう。

だが、極端な教条主義の教え込みがなされる危険性は、前述したとおり薄らいでいる。冷戦体制の終焉は、左翼教条主義を終焉させた。「組合ばなれ」も進み、むしろ、ノンポリ教員があふれているのが現状である。教員に過度に警戒的になる必要はおそらくないだろう。もちろん、右翼的なものであれ左翼的なものであれ、極端なケースが出ないように何らかの歯止めは必要だろうが、かつての時代とは異なって、親が学校教育の内容に深い関心をいだくようになっているから（広田 一九九九）、もし行きすぎが生じた場合でも、現場レベルで自ずと対応・処理が可能なのではないだろうか。ただし、特定の教員の排除のために、行政よりもはるかに政治的な意図をもった親のクレイムが生じる危険性はある。教員の行きすぎの制約よりも、クレイムの濫用を制約するための工夫のほうが必要かもしれない。

仮にいくら多くの人が「正しい」と認めるものであっても、それだけしか学んでいない者は、実際に問題の複雑さに直面した時に「偏狭さ」が露呈してしまう。それは、健全な批判能力の育成からほど遠い。そもそも、もしも、ある教員から学んだことがあまりに偏っていたとしたら、子供たちが学校を離れた時にすぐにばれてしまう*。現実の学校経験の中では、子供たちはいろいろな教員に出会うだろうし、学校を出た後のさまざまな社会的経験で気づくことや考えることも多いはずである。極端に偏向した「少数派」が特定のイデオロギーで子供たちを「洗脳」しようとしても、その効果は薄いし、子供たちからは偏向した内容を教えられたことで恨みを買うだけだろう。したがって、右派が恐れたり宣伝したりするような、左翼的イデオロギーの注入教育が行なわれる可能性は、現実的にはあまりないだろう。

＊――「政治的な正しさ」が国によって一元的に定められる場合には、子供たちが学窓を離れた後も、その「偏狭さ」に気づきにくい。国が一律に「正しいもの」を提供する怖さの一つは、ここにある。

冷戦期のような「白か黒か」というようなイデオロギー状況ではなくなった現代は、政治的な教育に関する教員の役割についての考え方が見直される必要がある。私の視点とは若干異なってはいるが、前にもふれた小玉重夫は、欧米で導入されてきている「シチズンシップ教育」という概念を紹介しながら、「政治的コーディネーターとしての教師」という像を示している（小玉 二〇〇三ａｂ）＊。小玉は、「教育実践」を、「不確定な未来の体現者である子どもが既存の公共的世界に責任を負う大人と出会う場所」（小玉 二〇〇三ａ、一〇六頁）ととらえる。そして、「政治的なるものの復興と結びついた公共性を構築する」ために、これまでの「真理のエイジェントとしての教師」「子どもの発達への応答的存在としての教師」像から、「政治的コーディネーターとしての教師」像への転換を提唱している（小玉 二〇〇三ａ、一〇七頁）。小玉が紹介する米国ミネソタ州の事例では、「教師の自治と生徒の自治の複合的な構造」によって、「教師は生徒との間で葛藤、緊張関係を経験しながら権力性を脱構築し、政治的コーディネーターとして自らを変容させていく」教育実践が紹介されている（小玉 二〇〇三b、一七三頁）。

＊――佐貫浩も、イギリスのシチズンシップ教育を紹介しながら、「政治的教養の教育」の必要性を論じている（佐貫 二〇〇三、一三一～一三五頁）。

小玉が示す活動主義的な教員や実践像が、ありうる可能性の唯一のものかどうかはわからない。小玉の議論には、政治的な教育の側面と学校改革の側面とが複合されているが、私には、両者を分節化した議論も可能なように思われるからである。しかし、それにしても、「政治的コーディネーターとしての教師」というイメージは、とても興味深い。「『正しいもの』を教え込む」というのではなく、生徒とともに〈問い〉を立て続けるような教育実践像が思い浮かぶ。唯一の「正しい答え」が出されるのではなく、「答え」は教員も含めた一人ひとりに預けられながら、次第に「問い」のほうの質が深まっていくような、そういった教育実践像である。社会や政治のあり方について「正答」がわからなくなっている時代だからこそ、「自分がとりあえず選ぶ答え」を生徒一人ひとりの側に委ねながら、共通に考える「問い」の深さで勝負する教員、とでもいえるかもしれない。

❸基礎的な「知」の重要性

教育理念という抽象的なレベルでは、複雑で、相互に矛盾するメッセージを想定することが可能だが、学校教育という具体的なレベルでは、「政治教育」における伝達内容は、どうしても縮約されざるをえない。この問題に加えて、「被教育者の未熟性」、「被教育者の複数性＝対話の限界」、「教育者の能力」、「時間的制約（カリキュラムの問題）」といった制約も考慮に入れなければならない。

実際の問題として考えてみると、政治教育で「正答」のない現実的な問いを考えさせることは、小学校では難しい。中学校では子供の成熟度は上がってくるが、それでも政治に関する教育は簡単ではないので、実際の授業でどこまで可能なのかは難しい。しかし、生徒たちの判断能力が高まる高校の段階であれば、単なる知識の記憶などを超えて、政治に関して考えさせるような教育は十分可能であるだろう。

小・中学校でも、リアルな政治的課題を素材にして考えさせることはなかなか困難ではあるものの、政治的教養の形成の可能性を考えるうえで、基礎的な「知」を教えることは重要である。日本の歴史や文化はもちろんのこと、世界諸地域の歴史や文化、政治の仕組みや社会の仕組み、科学リテラシーといったものが身についていないと、その後の適切な判断主体の育成には結びついていかない。「知」なくして適切な判断力はありえない。いわば、政治主体・有権者としての適切な判断力の基礎に、社会や政治の仕組みについての基礎知識が必要であり、それらを身につけさせたうえで、「正解不明」の問題があることが伝達されるべきである。私個人としては、中学校段階までは、無鉄砲に政治や社会の現実問題にふれさせるのではなく、政治の仕組みや社会を見るための基礎概念を習得・理解させるので、別にかまわないと考えている。このような基礎的な学習過程で十分な知識や概念を身につけた後に、「自我の模索」が進む高校段階で、リアルな社会の現実にふれるのが良いのではないかと思っている。ただし、「いつ、どこまで」については、当然異論があるかもしれない。

現行の教育基本法でやれる

「政治的コーディネーターとしての教師」という像を提起する小玉は、現行の教育基本法第八条第一項の規定の枠内で、十分可能だとみている（小玉 二〇〇三b、一七四頁）。学校改革も含めた小玉の議論に比べると私の提案はもっと地味で限定的だから、当然のことながら、以上述べてきたことは、現行の教育基本法で十分対応できる。

繰り返していうと、大事なことは、教員たちが自らの役割像を見直すことと並んで、行政の過剰な干渉や、親や外部者の理不尽なクレイム（もちろん正当なクレイムもあるのだが）から、教育現場が保護されることである。教育内容・方法に関する教員の自由度を保障しつつ、教育現場から「政治的なるもの」の匂いをまったく除去してしまおうとする今の学校教育の考え方を変えねばならない。多元的な価値に寛容な社会を作るためには、価値の多元性に寛容な学校になる必要がある。

厳格な道徳の教え込みで人々をしばる社会は、民主主義を痩せさせ、柔軟な変化への活力を喪失させる。公共空間の再活性化には、別の道が必要なのである。ここでは一つの提案として、教員が専門的な力量を備えた「政治的コーディネーター」として、政治に関する教育の活性化をはかるという答を出してみた。

おわりに

改革案よりましな現行の教育基本法

汎用性が高い現行の教育基本法

本書で論じてきたのは、今進められようとしている方向での教育基本法改正は、決して得策ではない、ということである。はっきり言って愚策である。それで想定されている教育像・社会像は、これからの時代や状況の変化に対して硬直した対応を生みかねない、狭量で近視眼的なビジョンのように思われる。

教育改革国民会議や中教審の議事の経過においては、思い込みや信条に基づいた乱暴な教育論が横行していた。未来社会についての複数のビジョンをめぐって十分な議論や慎重な選択がなされたようには思われない。このまま改正されてしまうと、未来の教育や「国のかたち」をまずいやり方で制約してしまうことになりかねない。長期的に見た「国民益」（内と外の境界線があまりに明確な「国民」

という語を用いないで表現したいところだが）にそぐわないというのが、《愛国者》（第5章第2節参照）としての私の見立てである。

具体的な徳目を根本法に書き込めば書き込むほど、かえって人間像は狭く偏ったものになる。「心豊かでたくましい」どころか、その逆に、異文化や社会の変化に対して敵意をみせる、「臆病で狭量な」国民を作ることになりかねない。教育現場には事大主義者の教員が増え、社会的な関心のある教員の多くは、私生活主義に逃げ込むか職場を去ることになるだろう。改正された教育基本法が、その理念通りの子供たちを生み出していったならば、日本に待っているのは「東アジアの嫌われ者」か、「孤独な変人」への道である。二〇年先・三〇年先における日本の柔軟な対応が不可能になってしまうかもしれない。

それとの比較でいうと、簡潔で抽象的な文言の並ぶ現在の教基法は、そこで掲げられている理念が理想主義的である分、その崇高な理念や原理を、二一世紀にそのまままもっと活用していくことができそうである。汎用性が高いのである。教育目的を法に書き込むことの是非という問題はあるし、表現に古色蒼然とした部分はなくもないが、これからの時代に対応していくためには、改正案などよりよほどましである。つまらない方向へと改正するよりは、あらためて現行の教育基本法を「選び直す」ほうが得策ではないだろうか。そして、教育の現実との距離を埋め、未来に適切に対応するために、その文言の実質化を考えるべきだと、私は思う。

理念―制度―実践が繋がることの危険性

もし、教育基本法が今の改正案の方向で変更されたとしても、理念―制度―実践の間に隙間ができるなら、理念・徳目の部分の変更は、日本の教育にとって、致命的なものにはならないだろう。その場合は、(日)むしろ、教育振興基本計画の中身――具体的には新自由主義的な教育像――の功罪がより重要なポイントになる。また、(月)グローバル化やリージョナルな政体の形成の進展にあわせて、遠からず理念・徳目の部分の見直しが必要になるかもしれない(削除もふくめて)。

もしそうではなくて、理念―制度―実践の間が緊密につながるシステム化がめざされるなら、深刻な問題を引き起こすことになるだろう。教育現場は自由度を失ってますます逼塞する。視野の広い教員は教育の現場に見られなくなり、与えられた目標を疑いも抱かずに器用にこなすだけの、視野も関心も狭い教員ばかりになってしまうだろう。同調主義的で事大主義的な教員が育てる、同調主義的で事大主義的な国民――。

引用・参照文献

青木宏治 二〇〇四「教育理念・目的の法定化をめぐる国際比較」教育学関連15学会共同公開シンポジウム準備委員会編『教育基本法問題を考える㈭ 教育理念・目的の法定化をめぐる国際比較』つなん出版。
浅井春男 二〇〇〇『新自由主義国家と非福祉国家への道』あけび書房。
アンダーソン・B 一九九七『増補〈想像〉の共同体』白石さや・白石隆訳、NTT出版。
馬場公彦 二〇〇三「ポスト冷戦期『東アジア』論の地平」『アソシエ』第一〇号、御茶の水書房。
ベック・U 一九九八『危険社会』東廉・伊藤美登里訳、法政大学出版会。
Beck, U., 二〇〇〇 *What is Globalization?*, Polity Press.
Beck, U., 二〇〇〇 'The cosmopolitan perspective: sociology of the second age of modernity', *British Journal of Sociology*, 51(1).
「地方分権時代における教育委員会のあり方について（部会まとめ・概要）」『週刊教育資料』第八七九号、教育公論社、二〇〇五年二月七日。
「中央教育審議会答申「新しい時代にふさわしい教育基本法と教育振興基本計画の在り方について」」『文部科

学時報』第一五二五号、ぎょうせい、二〇〇三年五月。
デリダ・J＆ハバーマス・J 二〇〇三「われわれの戦後復興――ヨーロッパの再生」『世界』二〇〇三年八月号、岩波書店。
海老原治善 一九八八『戦後日本教育理論小史』国土社。
藤田英典 二〇〇二「今なぜ教育基本法『改正』なのか」『世界』二〇〇二年一〇月号、岩波書店。
古田博 二〇〇四「東アジア諸国の『内側』の論理を読む」『中央公論』二〇〇四年九月号、中央公論新社。
我部政明・川崎哲・姜尚中 二〇〇三「北東アジアの安全保障と憲法9条」『世界』二〇〇三年九月号、岩波書店。
後藤道夫 二〇〇二『反「構造改革」』青木書店。
橋爪大三郎 一九八九『冒険としての社会科学』毎日新聞社。
橋爪大三郎 二〇〇三「愛国心の根拠は何か」『論座』二〇〇三年九月号、朝日新聞社。
羽山健一 二〇〇三「『指導力不足当教員』認定制度」柿沼昌芳・永野恒雄編『教育基本法と教育委員会』批評社。
ヘルド・D＆A・マッグルー 二〇〇三『グローバル化と反グローバル化』中谷義和・柳原克行訳、日本経済評論社。
土方苑子 一九九四『近代日本の学校と地域社会』東京大学出版会。
広井良典 二〇〇三『生命の政治学』岩波書店。
広田照幸 一九九七『陸軍将校の教育社会史』世織書房。
広田照幸 一九九九『日本人のしつけは衰退したか』講談社。

広田照幸 二〇〇一『教育言説の歴史社会学』名古屋大学出版会。
広田照幸 二〇〇二「PTA・地域の教育論再考」広田照幸編『〈理想の家族〉はどこにあるのか?』教育開発研究所。
広田照幸 二〇〇三a『教育には何ができないか』春秋社、二〇〇三年。
広田照幸 二〇〇三b「暴力的色彩の強い犯罪の現状と動向」『法律のひろば』第五六巻第一号、ぎょうせい。
広田照幸 二〇〇四『教育』岩波書店。
広田照幸 二〇〇五a『教育不信と教育依存の時代』紀伊國屋書店。
広田照幸 二〇〇五b「教育システムと産業・労働システムの整合・葛藤をどうみるべきか」『近代化過程における産業・労働政策と教育政策の整合・葛藤に関する比較社会学的研究』(広田照幸研究代表:平成14～16年度科学研究費補助金基盤研究(B)(1)研究成果報告書、課題番号14310115)。
広田照幸 二〇〇五c「グローバル化の中での教育システムと産業・労働システムの整合・葛藤――日本のケース――」同右所収。
堀尾輝久 二〇〇二『いま、教育基本法を読む』岩波書店。
市川昭午 二〇〇三『教育基本法を考える』教育開発研究所。
市川昭午編 二〇〇四『教育改革の論争点』教育開発研究所。
五十嵐太郎 二〇〇三「セキュリティ戦争の空間」『新現実』第二号、新現実社。
井上達夫 一九九九『他者への自由』創文社。
岩本努 二〇〇一『教育勅語の研究』民衆社。
神保哲生 二〇〇三「映像が煽る感情的世論と世論に呑み込まれるテレビ」『論座』二〇〇三年二月号、朝日新聞社。
徐京植 二〇〇二「『半難民』から見えてくるもの」『現代思想』二〇〇二年一一月号、青土社。
門脇厚司 一九九九『子どもの社会力』岩波書店。
柿沼昌芳 一九九六「なぜ、高校紛争を問うのか」柿沼昌芳他編『高校紛争』批評社。
柿沼昌芳 二〇〇三「宗教を教えることの難しさ」柿沼昌芳・永野恒雄編『教育基本法と教育委員会』批評社。
姜尚中 二〇〇三『アジアの孤児でいいのか』ウェイツ。
姜尚中・宮台真司 二〇〇三『挑発する知』双風舎。
勝田智明 二〇〇三「最近の外国人労働者受け入れ政策について」『外交フォーラム』第一七九号、都市出版株式会社。
川合章・室井力編 一九九八『教育基本法 歴史と研究』新日本出版社。
河合隼雄監修 二〇〇〇『日本のフロンティアは日本の中にある』講談社。
萱野三平 二〇〇二「ポピュリズムのヨーロッパ」『現代思想』二〇〇二年九月号、青土社。
木本喜美子 一九九五『家族・ジェンダー・企業社会』ミネルヴァ書房。
木下武男 一九九六「労働組合運動」渡辺治編『現代日本社会論』旬報社。
教育学関連15学会共同公開シンポジウム準備委員会編 二〇〇三『教育基本法問題を考える㈬ 制定過程をめぐる論点と課題』つなん出版。
教育学関連15学会共同公開シンポジウム準備委員会編 二〇〇四『教育基本法問題を考える㈭ 教育理念・目的の法定化をめぐる国際比較』つなん出版。
教育基本法研究会 二〇〇四「教育基本法「改正」問題を考える」『東京大学大学院教育学研究科 教育学研

究室紀要』第三〇号。
小林正弥「新公共主義の基本的展望」二〇〇二 佐々木毅・金泰昌編『公共哲学10 21世紀公共哲学の地平』東京大学出版会。
小玉重夫 一九九八「戦後教育学における子ども・青年把握を問い直す」『生活指導研究』第一五集、日本生活指導学会。
小玉重夫 二〇〇三a「戦後教育における教師の権力性批判の系譜」森田尚人他編『教育と政治――戦後教育史を読みなおす』勁草書房。
小玉重夫 二〇〇三b『シチズンシップの教育思想』白澤社。
児美川孝一郎 二〇〇〇『新自由主義と教育改革』ふきのとう書房。
古茂田宏 一九九六「文化と文化の衝突――新権威派の学校論に寄せて」堀尾輝久・汐見稔幸他編『講座学校3 変容する社会と学校』柏書房。
黒羽亮一 一九九四『学校と社会の昭和史（下）』第一法規。
熊谷一乗 二〇〇三「今日の教育改革と教育基本法」教育学関連15学会共同公開シンポジウム準備委員会編『教育基本法問題を考える 報告集2 教育基本法の今日的意義』同委員会。
丸山真男 一九九二『忠誠と反逆』筑摩書房。
真鍋一史 一九九九「ナショナル・アイデンティティの構造」『関西学院大学社会学部紀要』第八二号。
真鍋一史・小野寺典子 一九九九「国際比較調査『国への帰属意識』」『放送研究と調査』一九九九年六月号、NHK放送文化研究所。
松本健一 二〇〇三「国家正義か、国家の私益か」『中央公論』二〇〇三年六月号、中央公論新社。

道場親信 二〇〇三「『反戦平和』の戦後経験」『現代思想』二〇〇三年七月号、青土社。
三宅晶子 二〇〇三「『愛国心』はどのように教育され、法制化されようとしているのか」『季刊教育法』第一三八号、エイデル研究所。
宮永國子 二〇〇〇『グローバル化とアイデンティティ』世界思想社。
中村清 二〇〇四「書評：大内裕和『教育基本法改正論批判――新自由主義・国家主義を超えて――』」『教育社会学研究』第七五集、東洋館出版社。
長岡義幸 二〇〇二「『心のノート』で道徳教育推進、文科省の深謀遠慮!?」『創』二〇〇二年一〇月号、創出版。
成嶋隆 一九八一「教育目的の法定および教育の「法律主義」について（一）（二）」『法政理論』第一三巻第三号・第一四巻第一号、新潟大学法学会。
成嶋隆 二〇〇〇「『国旗・国歌法』の憲法・教育基本法的検証」杉原泰雄古稀記念論文集刊行会編『二一世紀の立憲主義』勁草書房。
成嶋隆 二〇〇三「教育基本法改正の法的検討」『教育』二〇〇三年四月号、国土社。
成嶋隆 二〇〇四「21世紀型改正論の特徴」日本教育法学会編『教育基本法改正批判』法律時報増刊、日本評論社。
NHK放送文化研究所編 二〇〇四『現代日本人の意識構造〔第六版〕』日本放送出版協会。
日本教育法学会編 二〇〇四『教育基本法改正批判』日本評論社。
「日本の教育改革」有識者懇談会 二〇〇四『なぜいま教育基本法改正か』PHP研究所。
日本の教育改革を進める会編 二〇〇二『今、この国を救うもの――教育改革――』善本社。

新岡昌幸 二〇〇四「『教師』への職務命令に関する憲法・教育法学的検討」『北海道大学大学院教育研究科紀要』第九二号。
西原博史 二〇〇三『学校が「愛国心」を教えるとき』日本評論社。
西原博史 二〇〇四『教育基本法「改正」』岩波書店。
西原博史 二〇〇五「東京の「 生徒の不起立 で教員処分」を考える」『歴史地理教育』二〇〇五年二月号、歴史教育者協議会。
西澤潤一編著 二〇〇一『新教育基本法 6つの提言』小学館。
野田正彰 二〇〇二a『させられる教育――思考途絶する教師たち』岩波書店。
野田正彰 二〇〇二b「『心の教育』が学校を押し潰す」『世界』二〇〇二年十月号、岩波書店。
野澤正吉他 一九三二『キット入学できる 中学校実業学校高等女学校問題筆答口問口答口問筆答 入学試問の受け方答へ方』立川書店。
岡村達雄 二〇〇四『教育基本法「改正」とは何か』インパクト出版会。
小熊英二 二〇〇二『〈民主〉と〈愛国〉』新曜社。
小野方資 二〇〇四「『君が代』ピアノ伴奏強制事件」『季刊教育法』第一四一号、エイデル研究所。
太田肇 一九九六『個人尊重の組織論』中央公論社。
太田肇 二〇〇一『囲い込み症候群』筑摩書房。
大田堯編 一九七八『戦後日本教育史』岩波書店。
大内裕和 二〇〇三『教育基本法改正論批判』白澤社。
大内裕和 二〇〇四「与党教育基本法『改正』に関する協議会『中間報告』批判」『教育』二〇〇四年一一月

号、国土社。
李博盛 二〇〇三「福岡『愛国心』通知票が侵害するもの」『世界』二〇〇三年一月号、岩波書店。
佐伯啓思 一九九七『「市民」とは誰か』PHP研究所。
佐伯啓思 二〇〇二「国家・国民・公共性」佐々木毅・金泰昌編『公共哲学5 国家と人間と公共性』東京大学出版会。
斎藤貴男 二〇〇三「『ゆとり』の美名の下 進む教師・生徒の管理強化」『現代』二〇〇三年一月号、講談社。
齋藤純一 二〇〇〇『公共性』岩波書店。
齋藤純一 二〇〇二「現代日本における公共性の言説をめぐって」佐々木毅・金泰昌編『公共哲学3 日本における公と私』東京大学出版会。
齋藤純一 二〇〇三「愛国心『再定義』の可能性を探る」『論座』二〇〇三年九月号、朝日新聞社。
坂口緑二〇〇三「教育基本法『改悪』論が見逃している点」『創文』第四五五号、創文社。
坂本多加雄 一九九一『市場・秩序・道徳』創文社。
坂中英徳他 二〇〇三「外国人労働者が日本にもたらす可能性」『外交フォーラム』第一七九号、都市出版。
佐貫浩二〇〇三『新自由主義と教育改革』旬報社。
清和政策研究会 二〇〇二『人づくりは国の根幹です！』中経出版。
関曠野 二〇〇〇『みんなのための教育改革』太郎次郎社。
関曠野二〇〇三「今こそ政治教育のルネサンスを」『季刊 人間と教育』第三七号、旬報社。
柴田康正 二〇〇四「学習指導要領における『宗教的情操』」『教育』二〇〇四年三月号、国土社。
白藤博行 二〇〇三「「監視社会」と「警察行政法」理論の展開」『法律時報』第七五巻第一二号、日本評論社。

新・教育基本法検討プロジェクト編 二〇〇一『教育は何を目指すべきか』ＰＨＰ研究所。
新谷恭明 二〇〇三「愛国心教育という〈道徳教育〉」土戸敏彦編『〈道徳〉は教えられるか』教育開発研究所。
菅原光 二〇〇四「『道徳』という逃げ道」『創文』第四六七号、創文社。
杉田敦 二〇〇五『境界線の政治学』岩波書店。
炭谷昇 二〇〇五「新自由主義と国家主義を先導する都教委」『情況』二〇〇五年七月号、情況出版。
鈴木英一 二〇〇三「教育基本法における教育理念の成立事情」『教育』二〇〇三年四月号、国土社。
鈴木英一・平原春好編 一九九八『資料 教育基本法50年史』勁草書房。
「宗教教育を問う」『朝日新聞』二〇〇五年一月二六日。
園田茂人 二〇〇五「『ナショナリズム・ゲーム』から抜け出よ」『世界』二〇〇五年七月号、岩波書店。
高橋勝 一九九二『子どもの自己形成空間』川島書店。
高橋哲哉 二〇〇四『教育と国家』講談社。
高橋祐吉 一九九六「日本的経営・企業社会」渡辺治編『現代日本社会論』旬報社。
田島泰彦他 二〇〇三「『監視社会』と市民的自由」『法律時報』第七五巻第一二号、日本評論社。
田丸啓 二〇〇三「教育基本法空洞化の足跡」柿沼昌芳・永野恒雄編『教育基本法と教育委員会』批評社。
田村正博 一九八八「警察の活動上の『限界』(上)～(下)」『警察学論集』第四一巻第六～八号、警察大学校。
田村正博 一九九八「警察活動の基本的な考え方」『警察学論集』第五一巻第一二号、警察大学校。
谷口誠 二〇〇三「東アジア経済圏を提唱する」『世界』二〇〇三年十月号、岩波書店。
谷口誠 二〇〇四『東アジア共同体』岩波書店。

田沼朗 二〇〇三「教育の自主性を保障する教育行政を」『教育』二〇〇三年四月号、国土社。
田沼朗・野々垣努・三上昭彦編 二〇〇三『いま、なぜ、教育基本法の改正か』国土社。
テッサ・モーリス＝スズキ 二〇〇三「ヒステリーの政治学」『世界』二〇〇三年二月号、岩波書店。
寺西重郎 二〇〇三『日本の経済システム』岩波書店。
富永健一 二〇〇一『社会変動の中の福祉国家』中央公論新社。
辻知広 一九九五「国への愛着心が強い日本人」『放送研究と調査』一九九五年六月号、NHK放送文化研究所。
渡部忠治 二〇〇四「在日問題と戦後の教育学」『教育』二〇〇四年三月号、国土社。
山崎望 二〇〇三「『後期近代』における政治の変容」『思想』第九四六号、岩波書店。

●資料1

教育基本法

（昭和二二年三月三一日法律第二五号）

朕は、枢密顧問の諮詢を経て、帝国議会の協賛を経た教育基本法を裁可し、ここにこれを公布せしめる。

教育基本法

われらは、さきに、日本国憲法を確定し、民主的で文化的な国家を建設して、世界の平和と人類の福祉に貢献しようとする決意を示した。この理想の実現は、根本において教育の力にまつべきものである。

われらは、個人の尊厳を重んじ、真理と平和を希求する人間の育成を期するとともに、普遍的にしてしかも個性ゆたかな文化の創造をめざす教育を普及徹底しなければならない。

ここに、日本国憲法の精神に則り、教育の目的を明示して、新しい日本の教育の基本を確立するため、この法律を制定する。

第一条（教育の目的）　教育は、人格の完成をめざし、平和的な国家及び社会の形成者として、真理と正義を愛し、個人の価値をたつとび、勤労と責任を重んじ、自主的精神に充ちた心身ともに健康な国民の育成を期して行われなければならない。

第二条（教育の方針）　教育の目的は、あらゆる機会に、あらゆる場所において実現されなければならない。この目的を達成するためには、学問の自由を尊重し、実際生活に即し、自発的精神を養い、自他の敬愛と協力によつて、文化の創造と発展に貢献するように努めなければならない。

第三条（教育の機会均等）　すべて国民は、ひとしく、その能力に応ずる教育を受ける機会を与えられなければならないものであつて、人種、信条、性別、社会的身分、経済的地位又は門地によつて、教育上差別されない。

国及び地方公共団体は、能力があるにもかかわらず、経済的理由によつて修学困難な者に対して、奨学の方法を講じなければならない。

第四条（義務教育）　国民は、その保護する子女に、九年の普通教育を受けさせる義務を負う。

国又は地方公共団体の設置する学校における義務教育については、授業料は、これを徴収しない。

第五条（男女共学）　男女は、互に敬重し、協力し合わなければならないものであつて、教育上男女の共学は、認められなければならない。

第六条（学校教育）　法律に定める学校は、公の性質をもつものであつて、国又は地方公共団体の外、法律に定める法人のみが、これを設置することができる。

法律に定める学校の教員は、全体の奉仕者であつて、自己の使命を自覚し、その職責の遂行に努めなければならない。このためには、教員の身分は、尊重され、その待遇の適正が、期せられなければならない。

第七条（社会教育）　家庭教育及び勤労の場所その他社会において行われる教育は、国及び地方公共団体によつて奨励されなければならない。

国及び地方公共団体は、図書館、博物館、公民館等の施設の設置、学校の施設の利用その他適当な方法によつて教育の目的の実現に努めなければならない。

第八条（政治教育）　良識ある公民たるに必要な政治的教養は、教育上これを尊重しなければならない。

法律に定める学校は、特定の政党を支持し、又はこれに反対するための政治教育その他政治的活動をしてはならない。

第九条（宗教教育）　宗教に関する寛容の態度及び宗教の社会生活における地位は、教育上これを尊重しなければならない。

国及び地方公共団体が設置する学校は、特定の宗教のための宗教教育その他宗教的活動をしてはならない。

第一〇条（教育行政）　教育は、不当な支配に服することなく、国民全体に対し直接に責任を負つて行われるべきものである。

教育行政は、この自覚のもとに、教育の目的を遂行するに必要な諸条件の整備確立を目標として行われなければならない。

第一一条（補則）　この法律に掲げる諸条項を実施するために必要がある場合には、適当な法令が制定されなければならない。

附則

この法律は、公布の日から、これを施行する。

●資料2

新しい時代にふさわしい教育基本法と教育振興基本計画の在り方について

（中央教育審議会　答申の概要）二〇〇三年三月二〇日

第1章　教育の課題と今後の教育の基本方向について

1　教育の現状と課題

○我が国社会は大きな危機に直面。自信喪失感や閉塞感の広がり、倫理観や社会的使命感の喪失、少子高齢化による社会の活力低下、経済停滞の中での就職難。

このような危機を脱するため、政治、行政、司法、経済構造等の抜本的改革が進行。創造性と活力に満ち、世界に開かれた社会を目指し、教育も諸改革と軌を一にする大胆な見直し・改革が必要。

○教育は危機的な状況に直面。青少年が夢を持ちにくく、規範意識や道徳心、自律心が低下。いじめ、不登校、中途退学、学級崩壊が依然として深刻。青少年の凶悪犯罪が増加。家庭や地域の教育力が不十分で、家族や友人への愛情をはぐくみ、豊かな人間関係を築くことが困難な状況。初等中等教育段階から高等教育段階まで学ぶ意欲が低下。初等中等教育における「確かな学力」の育成と、大学・大学院における基礎学力、柔軟な思考力・創造力を有する人材の育成、教育研究を通じた社会貢献が課題。
○この半世紀の間、我が国社会も国際社会も大きく変化。国民意識も変容を遂げ、教育において重視すべき理念も変化。
○直面する危機の打破、新しい時代にふさわしい教育の実現のため、教育の在り方の根本までさかのぼり、普遍的な理念は大切にしつつ、今後重視すべき理念の明確化が必要。その新しい基盤に立ち、各教育分野にわたる改革が必要。

2　21世紀の教育が目指すもの

○「21世紀を切り拓く心豊かでたくましい日本人の育成」を目指すため、これからの教育は、以下の5つの目標の実現に取り組むことが必要。

① 自己実現を目指す自立した人間の育成
② 豊かな心と健やかな体を備えた人間の育成
③ 「知」の世紀をリードする創造性に富んだ人間の育成
④ 新しい「公共」を創造し、21世紀の国家・社会の形成に主体的に参画する日本人の育成
⑤ 日本の伝統・文化を基盤として国際社会を生きる教養ある日本人の育成

3　目標実現のための課題

○教育関連法制の見直しにまでさかのぼった改革の中で、教育の諸制度・諸施策の見直しとともに、具体の施策を総合的、体系的に位置付ける教育振興基本計画の策定による実効性ある改革が必要。

○教育は未来への先行投資であり、適切な政策評価の実施とその結果の反映とともに、施策の重点化・効率化を図りつつ、必要な施策を果断に実行することが必要。

第2章　新しい時代にふさわしい教育基本法の在り方について

1　教育基本法改正の必要性と改正の視点

○現行法の「個人の尊厳」「人格の完成」「平和的な国家及び社会の形成者」などの理念は今後も大切。
○21世紀を切り拓く心豊かでたくましい日本人の育成を目指す観点から、重要な教育の理念や原則を明確にするため、教育基本法を改正する。

①　信頼される学校教育の確立
②　「知」の世紀をリードする大学改革の推進
③　家庭の教育力の回復、学校・家庭・地域社会の連携・協力の推進
④　「公共」に主体的に参画する意識や態度の涵養
⑤　日本の伝統・文化の尊重、郷土や国を愛する心と国際社会の一員としての意識の涵養
⑥　生涯学習社会の実現
⑦　教育振興基本計画の策定

2　具体的な改正の方向

教育基本法関係条文

■前文

われらは、さきに、日本国憲法を確定し、民主的で文化的な国家を建設して、世界の平和と人類の福祉に貢献しようとする決意を示した。この理想の実現は、根本において教育の力にまつべきものである。

われらは、個人の尊厳を重んじ、真理と平和を希求する人間の育成を期するとともに、普遍的にしてしかも個性ゆたかな文化の創造をめざす教育を普及徹底しなければならない。

ここに、日本国憲法の精神に則り、教育の目的を明示して、新しい日本の教育の基本を確立するため、この法律を制定する。

■教育の基本理念

第一条（教育の目的） 教育は、人格の完成をめざし、平和的な国家及び社会の形成者として、

改正の方向

（前文）

○教育理念を宣明し、教育の基本を確立する教育基本法の重要性を踏まえて、その趣旨を明らかにするために引き続き前文を置くことが適当。

○法制定の目的、法を貫く教育の基調など、現行法の前文に定める基本的な考え方については、引き続き規定することが適当。

（教育の基本理念）

○教育は人格の完成を目指し、心身ともに健康な国民の育成を期して行われるものであるという現行法の基本理念を引き続き規定することが適当。

（新たに規定する理念）

○法改正の全体像を踏まえ、新たに規定する理念として、

真理と正義を愛し、個人の価値をたつとび、勤労と責任を重んじ、自主的精神に充ちた心身ともに健康な国民の育成を期して行われなければならない。

第二条（教育の方針）　教育の目的は、あらゆる機会に、あらゆる場所において実現されなければならない。この目的を達成するためには、学問の自由を尊重し、実際生活に即し、自発的精神を養い、自他の敬愛と協力によつて、文化の創造と発展に貢献するように努めなければならない。

■教育の機会均等

第三条（教育の機会均等）　すべて国民は、ひとしく、その能力に応ずる教育を受ける機会を与えられなければならないものであつて、人種、信条、性別、社会的身分、経済的地位又は門地によつて、教育上差別されない。

(月)　国及び地方公共団体は、能力があるにもかか

以下の事項について、その趣旨を前文あるいは各条文に分かりやすく簡潔に規定することが適当。

- ●個人の自己実現と個性・能力、創造性の涵養
- ●感性、自然や環境とのかかわりの重視
- ●社会の形成に主体的に参画する「公共」の精神、道徳心、自律心の涵養
- ●日本の伝統・文化の尊重、郷土や国を愛する心と国際社会の一員としての意識の涵養
- ●生涯学習の理念
- ●時代や社会の変化への対応
- ●職業生活との関連の明確化
- ●男女共同参画社会への寄与

○教育の機会均等の原則、奨学の規定は、引き続き規定することが適当。

わらず、経済的理由によつて修学困難な者に対して、奨学の方法を講じなければならない。

■義務教育

第四条（義務教育） 国民は、その保護する子女に、九年の普通教育を受けさせる義務を負う。

(月) 国又は地方公共団体の設置する学校における義務教育については、授業料は、これを徴収しない。

■男女共学

第五条（男女共学） 男女は、互に敬重し、協力し合わなければならないものであつて、教育上男女の共学は、認められなければならない。

■学校、教員

第六条（学校教育） 法律に定める学校は、公の性質をもつものであつて、国又は地方公共団体の外、法律に定める法人のみが、これを設置す

○義務教育期間九年間、義務教育の授業料無償の規定は、引き続き規定することが適当。

○男女共学の趣旨が広く浸透し、性別による制度的な教育機会の差異もなくなっており、「男女の共学は認められなければならない」旨の規定は削除することが適当。

(学校)

○学校の基本的な役割について、教育を受ける者の発達段階に応じて、知・徳・体の調和のとれた教育を行う

ることができる。

(月)　法律に定める学校の教員は、全体の奉仕者であつて、自己の使命を自覚し、その職責の遂行に努めなければならない。このためには、教員の身分は、尊重され、その待遇の適正が、期せられなければならない。

■家庭教育

■社会教育

第七条（社会教育）　家庭教育及び勤労の場所そ

とともに、生涯学習の理念の実現に寄与するという観点から簡潔に規定することが適当。その際、大学・大学院の役割及び私立学校の役割の重要性を踏まえて規定することが適当。

○学校の設置者の規定については、引き続き規定することが適当。

（教員）

○学校教育における教員の重要性を踏まえて、現行法の規定に加えて、研究と修養に励み、資質向上を図ることの必要性について規定することが適当。

○家庭は、子どもの教育に第一義的に責任があることを踏まえて、家庭教育の役割について新たに規定することが適当。

○家庭教育の充実を図ることが重要であることを踏まえて、国や地方公共団体による家庭教育の支援について規定することが適当。

○社会教育は国及び地方公共団体によって奨励されるべ

の他社会において行われる教育は、国及び地方公共団体によって奨励されなければならない。

(月) 国及び地方公共団体は、図書館、博物館、公民館等の施設の設置、学校の施設の利用その他適当な方法によって教育の目的の実現に努めなければならない。

■学校・家庭・地域社会の連携・協力

■国家・社会の主体的な形成者としての教養

第八条（政治教育） 良識ある公民たるに必要な政治的教養は、教育上これを尊重しなければならない。

(月) 法律に定める学校は、特定の政党を支持し、又はこれに反対するための政治教育その他政治的活動をしてはならない。

きであることを引き続き規定することが適当。

○学習機会の充実等を図ることが重要であることを踏まえて、国や地方公共団体による社会教育の振興について規定することが適当。

○教育の目的を実現するため、学校・家庭・地域社会の三者の連携・協力が重要であり、その旨を規定することが適当。

○自由で公正な社会の形成者として、国家・社会の諸問題の解決に主体的にかかわっていく意識や態度を涵養することが重要であり、その旨を適切に規定することが適当。

○学校における特定の党派的政治教育等の禁止については、引き続き規定することが適当。

■宗教に関する教育

第九条（宗教教育）　宗教に関する寛容の態度及び宗教の社会生活における地位は、教育上これを尊重しなければならない。

(月)　国及び地方公共団体が設置する学校は、特定の宗教のための宗教教育その他宗教的活動をしてはならない。

■国・地方公共団体の責務

第十条（教育行政）　教育は、不当な支配に服することなく、国民全体に対し直接に責任を負つて行われるべきものである。

(月)　教育行政は、この自覚のもとに、教育の目的を遂行するに必要な諸条件の整備確立を目標として行われなければならない。

第十一条（補則）　この法律に掲げる諸条項を実施するために必要がある場合には、適当な法令が制定されなければならない。

○宗教に関する寛容の態度や知識、宗教の持つ意義を尊重することが重要であり、その旨を適切に規定することが適当。

○国公立学校における特定の宗教のための宗教教育や宗教的活動の禁止については、引き続き規定することが適当。

○教育は不当な支配に服してはならないとする規定は、引き続き規定することが適当。

○国と地方公共団体の適切な役割分担を踏まえて、教育における国と地方公共団体の責務について規定することが適当。

○教育振興基本計画の策定の根拠を規定することが適当。

第3章　教育振興基本計画の在り方について

1　教育振興基本計画策定の必要性

○教育の基本理念や原則の再構築とともに、具体的な教育制度の改善と施策の充実とがあいまって、初めて実効ある教育改革が実現。このため、教育の根本法である教育基本法に根拠を置く教育振興基本計画を策定することが必要。

○計画に盛り込むべき具体的施策については、今後、本審議会の関係分科会等において、より専門的な立場から検討を行う。教育基本法改正後、関係府省が協力して、政府全体として速やかに教育振興基本計画を策定することを期待。

2　教育振興基本計画の基本的考え方

(1)　計画期間と対象範囲

○計画期間は、おおむね五年間とすることが適当。計画の対象範囲は、原則として教育に関する事項とし、学術、スポーツ、文化芸術教育等の推進に必要な事項も含む。

(2)　これからの教育の目標と教育改革の基本的方向

○教育振興基本計画では、教育の目標と、その達成のための教育改革の基本的方向を明らかにすることが必要。

(3) 政策目標の設定及び施策の総合化・体系化と重点化

○計画には、国民に分かりやすい具体的な政策目標・施策目標を明記するとともに、施策の総合化・体系化、重点化に努めることが必要。

（計画に位置付ける基本的な教育条件整備の例）

●「確かな学力」の育成
●良好な教育環境の確保
●教育の機会均等の確保
●私学における教育研究の振興
●良好な就学前教育環境の整備

（考えられる政策目標等の例）

●全国的な学力テストを実施し、その評価に基づいて学習指導要領の改善を図る
●いじめ、校内暴力などの「五年間で半減」を目指す
●子どもの体力や運動能力を上昇傾向に転じさせることを目標に、体力向上を推進する
●ＴＯＥＦＬなどの客観的な指標に基づく世界平均水準の英語力を目指す
●安易な卒業をさせないよう学生の成績評価を厳格化する

(4) 計画の策定、推進に際しての必要事項

○教育は、個人の生涯を幸福で実りあるものにする上で必須であると同時に、我が国の存立基盤を構築するもの。計画に定められた施策の着実な推進と、教育投資の質の向上を図り、投資効果を高め、その充実を図ることが重要。

○教育における地方分権、規制改革を一層推進するとともに、国・地方公共団体が責任を負うべき施策を明確にした上で、相互の連携・協力が必要。また、行政と民間との適切な役割分担、連携・協力にも配慮が必要。

○政策評価を定期的に実施し、その結果を計画の見直しや次期計画に適切に反映することが必要。また、評価結果の積極的な公開が必要。

あとがき

世の中の出来事が〈善と悪との闘い〉であれば、話はとてもわかりやすい。〈善〉の陣営にいる人は、心おきなく〈悪〉と戦うことができる。しかしながら、現実というものは、そんなに単純ではない。ある人にとっての〈善〉が別の人には〈悪〉に映るし、逆に、ある人にとっての〈悪〉が別の人には〈善〉として映っていたりする。人によって、この世界は違って見えている。世界の見え方は多様なのだ。

教育基本法改正問題をめぐる、改正推進派・改正反対派の対立は、（ある）〈善〉と（別の）〈善〉との対立である。両派は、お互いに、相手が〈悪〉だと映っている。そのような状況の中で、私たちはどっちを（あるいは何を）選べばよいのか。

すでに、改正問題については賛成・反対両派のおびただしい文献が出ている。だから、似たような論点をなぞった本を作るのなら、ただの紙のムダである。だから、ちょっと視点を変えて、もし改正されたらどういう事態が生じるのか、それは私たちにとってプラスなのかマイナスなのか、という枠組みで本書を書いてみた。本書の議論がどれほど説得力をもっているかは、書いた本人にはよくわからない。とはいえ、これまであまり提示されてきていない論点をいくつか提示することだけは何とかやれたかな、と思っている。

また、言い訳めいた話になるが、私の「本業」の歴史研究とは違って、今まさに事態が進行している問題についての本なので、急いでまとめざるをえなかった。そのため、もっと深めるべき論点や整理すべき点、掘り下げるべき点も不十分なまま残ってしまった。そのことは痛感している。世の中で私だけ一日が四〇時間あったとしたら、もっときっちりとした本を書けたかもしれないが、それは夢想にすぎない。限られた時間の中で、それなりに精一杯書いたつもりである。

教育が大きな曲がり角を迎えている。冷戦後の大きな時代の転換期で、教育をどう見ればよいのかが混迷する中、教育基本法改正問題を含めた政策や制度のレベルでの動きは、それが望ましい方向かどうかは別にして、実に慌ただしい。難しい時代に教育学者として居合わせてしまったものだ。実に困ったことである。

時代が大きく変化しているとすると、「今の教育をどう考えるか」を見直してみる必要がある。歴史研究を主たるフィールドにしてきた私にできることは、長い時間軸の射程で、現代（の教育）を位置づけ直してみることであり、そうした視点から、今までいろいろなものを書いたり話したりしながら模索してきた。私はしばらく前に、『教育』（岩波書店、二〇〇四年）という本を書いて、新自由主義の教育改革の動きを批判的に考察してみた。今回、この本では、教育基本法改正問題を取り上げて新保守主義的な教育観について、自分なりの批判的な見方をまとめてみた。その意味では、二つの本は今の教育の変化を私なりに二つの視点から位置づけた、姉妹編ということになるのかもしれない。

今回、本書を書き終えることで、不透明で厄介な、時代の変動期に居合わせてしまった教育学者としての自分なりの責任は、何とかそれなりに果たせたような気がしている。研究の世界に入ってから、さまざまな人に助けていただきながら、今までやってきた。この場を借りて、数多くの人たちにお礼を申しあげたい。これからの自分の研究や自分がどこに向かうのかは、まだよくわからない。

本書をまとめるにあたっては多くの人のお世話になった。大学時代からの畏友である、フリーライターの坂本和也氏には大いに助けていただいた。私があまりに忙しいため、たっぷりと執筆に時間をかける余裕がなかった。そこで最初に、私のほうでにわか仕立ての構想メモや資料を用意しておいて、坂本氏を相手に延々としゃべり、質問に答え、坂本氏にはその時のテープをもとに執筆原稿の「スタート台」にすべく、第一次稿を作っていただいた。まとまりのない、矛盾や飛躍をたくさん抱えた私の話を、うまくまとめてくださったうえ、いくつも重要な問題点を指摘してくださった。心より感謝したい。

東京大学大学院教育学研究科の山口毅・小野方資の両君にもお礼を言いたい。いろいろな資料や文献を集めてくれて、私の構想メモに対して重要なコメントを寄せてくれた。彼らはまた、完成直前の草稿に目を通してくれて、実に的確なコメントをしてくれた。どうもありがとう。

草稿の段階では、ほかにもいろいろな方に目を通してアドバイスをいただいた。一人ひとりお名前をあげることは差し控えるが、本当に心からお礼を申しあげたい。

教育基本法改正問題について本をまとめるよう強く私を説得し、その出版をあらかじめ約束してくださった世織書房の伊藤晶宣氏にも心よりお礼を申しあげたい。伊藤氏の熱意にあふれた説得や励ましがなかったら、私はこの本を書こうと思い立たなかったし、途中で挫けていたかもしれない。

なお、本書第6章は、平成一四〜一六年度科学研究費補助金基盤研究(B)(1)「近代化過程における産業・労働政策と教育改革の整合・葛藤に関する比較社会学的研究」(課題番号 一四三一〇一一五)の研究成果の一部である。

最後になったが、いつもいつも苦労ばかりかけてきたことを詫びつつ、一八年間のお礼と感謝を込めて、本書を妻・淳子に捧げたい。

二〇〇五年六月二三日

広田照幸

著者紹介

広田照幸（ひろた・てるゆき）

1959年、広島県生まれ。東京大学大学院教育学研究科博士課程修了。南山大学助教授などを経て、現在、東京大学大学院教育学研究科教授。専攻は、教育社会学・社会史。著書に、『陸軍将校の教育社会史』（世織書房、サントリー学芸賞受賞）、『日本人のしつけは衰退したか』（講談社現代新書）、『教育言説の歴史社会学』（名古屋大学出版会）、『教育には何ができないか』（春秋社）、『教育』（思考のフロンティア、岩波書店）、『教育不信と教育依存の時代』（紀伊國屋書店）などがある。

《愛国心》のゆくえ
——教育基本法改正という問題

2005年9月1日　第1刷発行 ©
2007年6月23日　第2刷発行

著　者｜広田照幸
装　画｜富山妙子
発行者｜伊藤晶宣
発行所｜(株)世織書房
組　版｜(有)銀河
印　刷｜(株)マチダ印刷
製本所｜(株)協栄製本

〒224-0042　神奈川県横浜市西区戸部町7丁目240番地　文教堂ビル
電話045(317)3176　振替00250-2-18694

落丁本・乱丁本はお取替いたします　Printed in Japan
ISBN978-4-902163-19-3